CATALOGUE

DES

GENTILSHOMMES

DE PICARDIE

QUI ONT PRIS PART OU ENVOYÉ LEUR PROCURATION AUX ASSEMBLÉES DE LA NOBLESSE
POUR L'ÉLECTION DES DÉPUTÉS AUX ÉTATS GÉNÉRAUX DE 1789

Publié d'après les procès-verbaux officiels

PAR MM.

LOUIS DE LA ROQUE ET ÉDOUARD DE BARTHÉLEMY

PARIS

E. DENTU, LIBRAIRE
AU PALAIS-ROYAL

AUG. AUBRY, LIBRAIRE
16, RUE DAUPHINE

1863
Tous droits réservés.

AVERTISSEMENT.

La province de Picardie est la plus anciennement réunie à la couronne (1) ; elle était le boulevard du royaume avant les conquêtes de Louis XIII et de Louis XIV dans les Pays-Bas. Bornée au nord par le Hainault, l'Artois et le Pas-de-Calais, à l'est par la Champagne, au sud par l'Ile-de-France, à l'ouest par la Normandie et la Manche, elle correspond aujourd'hui au département de la Somme et à une portion de ceux de l'Aisne et du Pas-de-Calais.

La Picardie devint, à partir du seizième siècle, un gouvernement militaire dont le siége était à Amiens et qui comprenait l'Amiénois, le Boulonnois, le Ponthieu, le Santerre, le Vermandois, le Soissonnois, le comté de Senlis, la Thiérache, le Pays reconquis (comtés de Guines et d'Oye), le Beauvoisis, le

---

(1) On lui donne pour armes celles de la Bourgogne moderne : « Bandé d'or et d'azur de six pièces, » parce que les ducs Philippe le Bon et Charles le Téméraire possédaient une partie de cette province.

Noyonnois, le Laonnois et le Valois. Plus tard, le Beauvoisis, le Soissonnois, le comté de Senlis et le Valois furent attribués au gouvernement de l'Ile-de-France.

Au moment de la Révolution, la Picardie comprenait les bailliages ou sénéchaussées d'Amiens et Ham, de Boulogne-sur-Mer, de Calais et Ardres, de Montreuil-sur-Mer, de Péronne, Roye et Montdidier, de Ponthieu et de Saint-Quentin.

La province de Picardie n'avait pas de chapitres nobles. Afin de suppléer à cette source de renseignements, si utiles pour constater l'ancienneté des familles, nous donnons à la suite de ce Catalogue, sous le titre de *Nobiliaire de Picardie,* la liste des familles maintenues dans leur noblesse par MM. Jérome Bignon et de Bernage, intendants de la province (1696-1727).

Paris, le 1er juillet 1863.

CATALOGUE

DES

GENTILSHOMMES DE PICARDIE

BAILLIAGE D'AMIENS.

Procès-verbal de l'Assemblée générale des trois ordres (1).

30 mars 1789.

(*Archiv. imp.*, B. III, 3, p. 600, 695-744.)

NOBLESSE.

Pierre-François du Fresne, chevalier, Sgr de Marcel-Cave, Aubigny, La Motte Warfusée, Saint-Martin d'Herville, Villers-Bretonneux, etc., conseiller d'État, lieutenant général au bailliage.

Mgr le comte d'Artois, fils de France, frère du roi, à cause de la baronie de Picquigny, de la chatellenie de Saint-Valery-sur-Somme et de la Sgrie de Bernaville, représenté par M. le duc de Croy d'Havré.

« Sur les représentations faites par MM. de Chassepot de Pissy et de Gueulluy de Rumigny, deux des membres de la noblesse, il a été arrêté,

---

(1) Nous croyons devoir faire observer qu'un certain nombre de familles nobles ont pu ne pas figurer dans les assemblées de Picardie, pour cause d'absence, de maladie ou d'abstention.

pour prévenir les difficultés et éviter tout sujet de mécontentement, que MM. les Gentilshommes comparants à l'assemblée seront inscrits au présent procès-verbal par lettre alphabétique de leurs fiefs et seigneuries, et que les qualités qui seront prises et données ne pourront servir, nuire ni préjudicier. »

Louis-Joseph-Charles-Amable d'Albert, duc de Luynes, Sgr châtelain d'Airaines, Beauquêne et autres lieux, représenté par le duc d'Havray (Havré).

Philippe-Alexandre-François-Emmanuel-Joseph, prince de Gestes, Sgr d'Acquivillers, Bailleul et autres lieux, — le marquis de Valenglart.

Marie-Louis Le Febvre de Milly, Sgr des Autheux.

Dame Elisabeth-Jeanne de la Roche de Rambures, dame d'Authie, veuve de M. le comte de Lignies, — Dubos d'Ornicourt.

Jean-Ferdinand de Calonne, chevalier, comte Sgr châtelain d'Avesnes-le-Boisrault, etc.

Pierre de Fremont du Mazi, président honoraire au parlement de Paris, Sgr d'Andainville, etc., — Le Caron de Choqueuse.

Marie-Jean-Baptiste-Pierre-François de Gorguette, chevalier, Sgr d'Argœuves, du Bus, etc.

Jacques-François Godard, chevalier, Sgr d'Argoules, — Vaysse d'Allonville.

Marie-François-Isidore de Milleville, écuyer, Sgr d'Avelleges, — Pierre-Charles-Joseph de la Haye, écuyer.

Vaysse, écuyer, Sgr d'Allonville, Gravatte, etc.

Charles-Victor Pingré de Thiepval, chevalier, Sgr d'Ambreville, etc.

Jean-Baptiste-Barthélemy d'Amiens, écuyer, Sgr d'Acheux et Helledvillers.

Antoine-Pierre-Nicolas Petit, Sgr d'Aulbieul, etc.

François-Bernard Brunel, chevalier de la prévôté d'Aumatre, avocat du roi en ce siége.

Nicolas Cannet d'Aubillers, écuyer, Sgr du fief d'Aubillers, Dessel ou Vessel, maître des requêtes, Sgr de Vignacourt.

Jacques-Louis, marquis de Saint-Blimont, Sgr et patron dudit Saint-Blimont, Senneville, Pandey, Petit-Pandey, Sallenele, Gouy, Cahon, Estrebeuf et Relucourt-Friancourt, etc.

Dame Pauline-Françoise de Roye de la Rochefoucauld, dame de Boves, veuve de M. le duc de Biron, — Charles-Gabriel, comte de Gomer.

Charles-Olivier de Saint-Georges, marquis de Couhet-Vérac, Sgr de Bergicourt, d'Arguie, etc., — Pierre-Victor-Hyacinthe de Bonnaire de Nams-au-Mont.

Charles-Louis-Joseph, marquis de Clermont-Tonnerre, comte de Thoury, Sgr de Bertangles, etc., — le marquis de Lameth.

Emmanuel-Charles, baron de Crussol, Sgr, à cause de madame son épouse, de Bettembos, Boulainvillers, Saint-Aubin, etc., — le vicomte de Selincourt.

Guillain-François, baron de France, Sgr de Bettencôte-sur-Mer, etc., — De Sachi de Fourdrinoy.

Jean-Baptiste Vacquette de Gribeauval, Sgr de Beauvelle, — Jacques-François-Firmin Le Quieu de Moyenneville, chevalier.

Jean-Baptiste-Marie-Robert Jourdain, écuyer, Sgr de Bacouel, Thieul-loy-le-Ville, Meraumont et Saint-Gratien.

Pierre-Melchior Lagrenée, chevalier, Sgr du fief Falempin, situé à Beau-val, — De Fay de Cempuis, écuyer.

Pierre du Maisniel, chevalier, Sgr d'Aplaincourt, de Bellefontaine, etc., — Pierre-Marie de la Haye, écuyer.

Jacques-Joseph-Pascal Le Boucher d'Ailly, chevalier, Sgr de Riche-mont, Buyancourt, etc., — Alexandre-Charles Galant, écuyer.

Pierre-Jean Tillette, chevalier, Sgr de Buigny, Briancourt, etc. — Fouques de Tœufe.

Dame Françoise-Clotilde-Angélique du Blaizel, dame de Bezancourt, veuve de M. le comte de Clément, — le président d'Hornoy.

Pierre-Louis Blin, chevalier, vicomte de Domart et de Brêtel, Sgr et pair de Bourdon, — Blin de Gezincourt.

Dame Clotilde de Sarcus, veuve de M. Pierre-Nicolas-Ferdinand de Beau-rain, chevalier, Sgr de Bureuil et de Belloy-sur-Somme, et comme tutrice de son fils Pierre-Nicolas-Ferdinand de Beaurain, — Le Clerc, chevalier de Bussy.

Dlle Marguerite-Charlòtte de Bellengreville, demoiselle, dame de Bulleux, — De Mons de Maigneux.

Louis-Michel-Philippe-Vincent Le Canu, chevalier, Sgr de Bray-le-Ma-reuil, — Lallier de Saint-Lieu.

Marie-Jean-Baptiste Morgant, chevalier et Sgr de Berny, Saulchoix, Epagnes.

Jacques-Gabriel-François-de-Paule Roussel de Belloy, chevalier, Sgr de Belloy, etc.

Jean-Guillain-Marie Bouquelle, chevalier, Sgr de Beauval, Sarton.

Charles du Fresne, chevalier, Sgr de Beaucourt, Herbart, Beigneudelle, Aubigny, Festonval, etc.

Le Noir, père, Sgr d'un fief situé au terroir de Beaucourt.

Mgr Joseph-Marie de Lorraine, prince de Vaudemont, Sgr de Coissy, Poulainville, la Cardonnette, — Jourdain de Thieuloy.

Jean-Baptiste Thierry, chevalier, Sgr de Jenouville, grand et petit Ca-gny, — Briet de Formanoir.

Joseph, comte de Mailly, marquis d'Haucourt, Sgr de Cany, — Jean Demont, chevalier de Beaulieu.

Alexandre-François de Bussy, comte de Canaples, chevalier et Sgr dudit lieu, Fieffe, Bonneville et Martre.

Marie-François-Robert Jourdain, écuyer, Sgr de Cannetières.

Claude-François-Alexandre-André des Forges, chevalier, Sgr comte de Caulières.

Antoine-Louis-Henry Gorgeon de Verville, écuyer, Sgr de Candas, Rain-cheval, etc.

Jean-Baptiste-Adrien Tillette, chevalier, Sgr comte de Mautort, Sgr de Cambron, — Louis-Marie Le Febvre de Milly.

Jean-Baptiste-Emmanuel-Victor Pingré, chevalier, Sgr de Cavillon.

Antoine-François Le Caron de Choqueuse, Sgr de Choqueuse, Marieux, la Boissière, Quesnoy, Fremy, etc.

Jacques de Louvencourt, chevalier, Sgr usufruitier de Cléry, Saulchoy, Gournay, Ainval et les Boisrault.

Alexandre-François de Mareuil, comte de Mareuil, Sgr de Contres, Belleville.

Dame Marie-Anne-Catherine-Gilbert Morel, dame de Comtay, Agnicourt, Becordel, etc., — le comte de Bussy-Canaples.

Dame Marie-Charlotte du Broutel, dame de Coqueres, veuve de M. Antoine-Alexis Crignon de Beauvert, écuyer, secrétaire du roi, — le vicomte de Gomer.

Charles-François-Nicolas, baron L'Archier de Courcelles, Sgr de Courcelles, Rançon, — François-Gaspard-Noël Cazey de Merry, chevalier.

Joseph-Anne-Auguste-Maximilien de Croy, duc d'Havré et de Croy.

Barbe-Simon, comte de Riencourt, Sgr de Domléger, — le marquis de Lameth.

Dame Marie-Elisabeth Marié, veuve de M. Jean-Louis de Bernage, chevalier, dame des terres de Donqueur et Maison-Rolland, — Marié de Toulle.

Louis-François-Marie Picquet, chevalier, Sgr de Dourier-le-Saulchoix, etc.

Pierre Godard de Beaulieu, Sgr de Beaulieu et de Dornoy, — Fouques de Tœufles.

Dame Marie-Magdeleine Vaquette de Moyenneville, dame de Dours et de Viquemont, veuve de M. Le Quieu de Moyenneville, — Jacques-François-Joseph-Firmin Le Quieu de Moyenneville, chevalier.

Dlle Marie-Magdeleine-Françoise Le Boucher de Mesnil, demoiselle, dame de Dreuil-sur-Somme, Flers, etc., — Jacques-Gabriel-François-de-Paule Rodes de Belloy.

Pierre de Roussel Belloy, chevalier, Sgr de Dromesnil, maréchal des camps et armées du roi.

Louis-François-de-Paule Tillette, chevalier, Sgr de Fieffes, du Mesnil et Bettenoir, situé à Angest, — Christophe-Florent de Sachy, chevalier, Sgr de Fourdrinoy.

Dame Antoinette-Jacqueline-Jeanne Le Febvre du Quesnoy, veuve de M. Jean-Baptiste Montmignon, écuyer, Sgr d'Escarbotin, Noirville et Blimont, tutrice de ses enfants mineurs, — le marquis de Saint-Blimont.

Anne-Joseph-Alexandre des Forges, vicomte de Caulières, Sgr d'un fief à Eplessier, — le comte de Caulières.

Claude-Louis-Gabriel de Bery, comte d'Essertaux, Sgr dudit Essertaux, Oresmeaux, Jumelles, etc.

Jacques-Robert-Vulfran Samson, chevalier, Sgr d'Ercourt, — Vaysse d'Allonville.

Dame Elisabeth Bayle de Lignières, dame d'Estrées-les-Crécy, veuve de M. François-Edouard-Joachim L'Hoste, chevalier, marquis de Villemant, — De Mons d'Havernas.

Timoléon-Antoine-Joseph-François-Louis-Alexandre d'Espinay, comte d'Espinay et de Saint-Luc, Sgr d'Escames, Buzancourt, Saint-Quentin, des Prés, Molagnies, etc., — Louis-Charles de La Rüe, chevalier, Sgr d'Héricourt.

Jean-Baptiste-Firmin du Croquet, écuyer, Sgr d'Estrées, Guyancourt, Petit-Bosquet, etc.

Pierre-Guilbert-Joachim de Gorguette d'Argœuves, chanoine, Sgr du fief de Falempin, situé à Beauval, — le comte de Gorguette, son frère.

Augustin-Louis Hennequin, marquis d'Esquevilly et de Chemery, comte de Grandpré, Sgr de Famechon, — Boullet de Varennes, écuyer, avocat.

François-Henri d'Hardivilliers, chevalier, Sgr de Faye-les-Hornoy, Monceaux, etc., — Louis-Laurent de Rimbert de Châtillon, chevalier.

Maximilien-François-de-Paule Vrayet de Moranvillers, écuyer, Sgr du fief Surcy, situé à Ferrières.

Charles-Germain de Herte, chevalier, Sgr de Ferrières.

Alexandre-François de Bray, chevalier, Sgr de Flesselles, — Claude-Louis-Joseph de Saisseval, chevalier, Sgr de la vicomté de Pissy et Riquemesnil.

Noël-Joseph Poujol d'Averkerque, écuyer, Sgr de Fleury.

Emmanuel-Eustache-Marie Le Boucher d'Ailly, chevalier, Sgr du fief de Fontaine-sur-Maye, — Théophile-Remy Galland, écuyer.

Claude-Antoine Buissy, chevalier, Sgr de Fontaine-le-Sec, — Morgan, chevalier, Sgr de Frucourt.

Jacques-François de Forceville, Sgr dudit lieu.

Claude-Martin Briet, chevalier, Sgr du Formanoir.

Augustin-Jean-Louis-Antoine Duprat, comte de Brabançon, Sgr de la chatellenie et baronie de Formerie, — le comte de Gomer.

Florimond Marié de Toulle, chevalier, Sgr de Foucaucourt et de Nelle.

François-Joseph Briois, chevalier, président honoraire au conseil provincial d'Artois, Sgr de Fouilloy, — Florent Sachy de Carouges.

Christophe-Florent de Sachy, chevalier, Sgr de Fourdrinoy.

Louis-Jean-Baptiste Gaillard, chevalier, Sgr de Framicourt et Prouzel, — Durieux, écuyer, Sgr de Saisseval.

Marie-Pierre-Adrien-Honoré d'Incourt, chevalier de Frechencourt.

Adrien-Florimond Poujol, écuyer, Sgr d'un fief à Frechencourt.

Louis-Charles Douville, écuyer, Sgr de la Fresnoye, — Marie de la Haye, écuyer, Sgr de Molliens.

Claude de Bussi, chevalier, Sgr de la Fresnoye, fief situé à Friancourt, — Théophile-Remy Galland, écuyer.

Louis-René de Belleval, chevalier, Sgr de Frette-Meule, — Claude-Antoine de Guillebon, chevalier.

Dame Marie-Elisabeth Vaillant, veuve de M. Charles-Vincent, chevalier, dame de Frettemeule, — Achille-Adrien-Jean-Baptiste Galland, écuyer.

Henri-Eléonore de Coppequesne, chevalier, Sgr de Fressenneville, — De Herte, chevalier, Sgr de Ferrières.

Jean-Louis Samson, chevalier, baron de Frières, Sgr de Frireules, Mesnil-les-Frauleux, — Desforges, comte de Caulières.

Dame Marguerite Blondel, veuve de M. Marie-Henry-Hector Perot, comte de Fercourt, Sgr de Frohem-le-Grand et le Petit, tutrice de ses enfants, — Brunel d'Horna, chevalier.

Jean-Baptiste-Maur Morgan, chevalier, Sgr de Frucourt, Doudelainville et Varcheville.

Nicolas-Alophe-Félicité, comte de Rouhault, marquis de Gamaches, etc., lieutenant général des armées du roi.

Marc-Antoine de Carpentin, chevalier, Sgr de Gapenne, — Charles-Louis-André d'Aumale.

Dame Marie-Louise d'Amerval de Fresne, veuve de M. Louis, baron de Fouquesolle, Sgr de Gesaincourt, — Louis-Marie-César Blin, chevalier.

Jacques-Vincent de Molion de Saignepy d'Astot de Bruneliot, chevalier, Sgr de Causan et de Glizy, — Jean-Louis de Franqueville, chevalier.

Gaspard-Joseph Moreau, chevalier de Gorenflos, — Louis-François de Gaudechard, marquis de Querrieux.

Louis Mathieu de la Grandville, Sgr dudit lieu.

Louis-Pierre-Jean Pingré, chevalier, Sgr de Guignemicourt.

Ferdinand-Denis, comte de Crécy, Sgr de Guichard.

Jean-Louis Le Fort, écuyer, Sgr du Hamel.

Pierre-Antoine-François d'Incourt, chevalier, Sgr d'Hangard, — Boistel, écuyer, Sieur du Roger.

François-Nicolas Tillette, chevalier, Sgr de Hangest sur Somme et Bichemont, — Laurent de Sachy de Carouges.

Madeleine-Françoise de Lesperon, dame d'Arcelaines et de Vauchellet sur Authie, — Achille-Adrien-Jean-Baptiste Galland, écuyer.

Ferdinand-François-Séraphin d'Hespel, chevalier, Sgr d'Harponville, — Jean-François Dufresne des Fontaines, chevalier.

Jean-Baptiste-Marie de Mons, chevalier, Sgr d'Havernas.

Charles-Etienne Le Merchier, écuyer, Sgr de Haussez, — Jean-François de Chassepot de Pissy.

Gilbert-Nicolas-Lucie de Herte, chevalier, Sgr d'Hailles, — Briet du Formanoir.

Charles-Albert-Xavier d'Aguesseau, Sgr de Happeglene, Haubercourt, — Pierre-Alexandre Briet du Formanoir, fils.

Augustin-Louis-Charles, marquis de Lameth, chevalier de Saint-Louis, colonel du régt de la Couronne, Sgr chatelain d'Hennecourt, etc.

Guy-Antoine, marquis de Picquet de Noyencourt, Sgr d'Herissart.

Louis-Charles de la Rue, chevalier, Sgr d'Héricourt.

Marie-Louise-Catherine-Françoise Collette de Villiers, veuve de M. Le Boucher de Richemont, dame d'Hocquincourt, — Alexandre-Charles Galland, écuyer.

Louis-François Dubois, chevalier, Sgr d'Hornicourt.

Alexandre-Marie-François-de-Paule de Dompierre, chevalier, Sgr d'Hornoy, Fontaine sur Maye, président en la Cour de parlement.

Jean-François-Eléonore, baron d'Hunolstein, Sgr d'Hudancourt, Franqueville, etc., — Jean-Baptiste-Marie-Pierre-François, comte de Gorguette, Sgr du Bus, Argœuves, etc.

Louis-Henri Brunel, chevalier, Sgr d'Horna, conseiller en ce siége.

Bruno-Jean-Baptiste-Louis-Antoine Boistel, écuyer, Sgr du fief des Prés d'Humières.

Louis-Gabriel, chevalier de Gomer, Sgr de Kenel, — Alexandre-Louis-Gabriel, vicomte de Gomer.

Louis du Gard, écuyer, Sgr de la Falaise.

François-Pantaléon, comte de Gorguette, chevalier d'Argœuves, maréchal des camps et armées du roi, chevalier de Saint-Louis, Sgr du fief de Lannoy, situé à Villers-Boccage.

Dlle Marie-Louise-Angélique de Virgile, dame de la Vicogne, – Pingré de Tiepval, chevalier.

Ambroise-Léopold Jourdain de Leloge, écuyer, Sgr de l'Etoile, Condé Folie, Bouchon.

Charles-François-Joseph, marquis de Louvencourt, chevalier, Sgr de Lompré les Corps Saints, Sgr de Flixecourt, Bettencourt, Rivière, etc., — Jacques-Eustache de Louvencourt, chevalier, Sgr du Saulchoy.

Charles-Nicolas de la Haye, écuyer, Sgr du fief de la Cour, situé à Longman.

Charles-René-Joseph de Lestocq, chevalier, Sgr de Louvencourt.

Pierre-Charles de Haut de Lassus, chevalier, Sgr de Luzières, — Jean-François de Chassepot, Sgr de Pissy.

Gabriel-Pierre-André-Christophe Vincent, chevalier, marquis d'Hantecourt, Sgr de Longvillers, à cause de la dame son épouse, — De Mons d'Havernas.

Pierre-François Dufresne, chevalier, Sgr de Marcelcave, La Motte, Warfusée, Saint-Martin d'Herville, Villers, Bretonneux, etc., conseiller d'État, lieutenant.général en ce siége, — Marie-Charles-Firmin-Alexandre Dufresne de Beaucourt, chevalier.

Philippe-Antoine, comte de Nolstein (Hunolstein), Sgr de Chateauroy, Martainneville, etc., — Marie-Jean-Baptiste-Pierre-François, comte de Gorguette, Sgr d'Argœuves.

Jacques de Mons, chevalier, Sgr de Meigneux, Saint-Sauveur, etc.

Paul-François Le Boucher du Mesnil, chevalier, Sgr du Mesnil, Fremontier, etc., — Jacques-François-de-Paule Roussel de Belloy, chevalier, Sgr de Belloy.

Dame Françoise-Renée de Calonne, veuve de M. François-Eustache de Dampierre, Sgr d'Izangremer, dame de Mesnil-Eudin, en partie, — Charles-François de Calonne, chevalier, officier au régt de la Sarre.

Louis-Henri de Riencourt, chevalier, Sgr du Mesnil-Eudin, en partie de Lignières Foucancourt, — Le Roy, marquis de Valanglart.

Dame Marie-Thérèse d'Aigneville, dame de Millencourt, épouse séparée de corps et de biens de M. Baron de Caron de Lait (Carondelet), — Louis-Henri Brunel d'Horna, chevalier.

Jacques-Philippe Poujol, écuyer, Sgr de Molliens au Bois et au Val.

Pierre-Marie de la Haye, écuyer, Sgr chatelain de Moliens le Vidame.

Charles-Marie-Hubert, marquis des Essarts, chevalier, Sgr à cause de la dame son épouse de la terre de la maison Ponthieu, — Jean-Baptiste-Marie Manessier, chevalier, Sgr vicomte de Selincourt.

Marc-Antoine-Augustin Godde, écuyer, Sgr de Montières, Ansennes, etc., — Jean-Baptiste-Nicolas Selincourt, écuyer.

Dame Marie-Charlotte-Hippolyte Campé de Saujeon, veuve de M. le comte de Boufflers, dame du fief de Montrelet, — Pierre Roussel Belloy, chevalier, Sgr de Dromesnil.

Dame Jacqueline-Elisabeth de Crécy, veuve de M. Antoine-Michel de Tourtier, dame de Moyencourt, — Adrien-Florimond Poujol, écuyer.

Jean-François-Abraham Duchesne, chevalier, Sgr de la Motte-Buleux, Feuquières, etc., — Claude-Antoine de Guillebon, chevalier.

Alexis-Benjamin Le Quieu, chevalier, Sgr de Moyenneville et de la Vallée, brigadier des armées du roi.

Jean-Guislain Duval, écuyer, Sgr de Namty des Aleux, etc., conseiller du roi, président doyen du bureau des finances de la généralité d'Amiens, — Alexandre-François, comte de Mareuil, Sgr de Contre, etc.

Pierre-Victor-Hyacinthe de Bonnaire, chevalier, baron de Namps au Mont, Sgr de Coupel et Verdrel.

Jean-Bonaventure-Gabriel-Pierre Goyer, écuyer, Sgr de Neuvillette.

Antoine-Charles d'Ansel (Danzel), chevalier, Sgr de la Neuville au bois, — de Forceville, chevalier, Sgr dudit lieu.

Antoine-Joseph Dumesnil, chevalier, Sgr de Neuville Saint-Riquier, Oneux, etc., — Jacques-Philippe de Molliens, écuyer.

Dame Anne-Marguerite de la Rue, épouse non commune en biens de M. de Villers, en son nom personnel, et pour dame Béatrix-Angélique de la Rue, sa sœur, veuve de M. du Sanchedrin, l'une et l'autre dames de Neuville Coppegueule, — Desforges, comte de Caulières.

Armand-Edouard-Henry de Flechin, chevalier, marquis de Wamin, Sgr de Noyelle en Chaussée, Talmas, etc., — Jean-Baptiste-Louis-Marie-Adrien Berthes, chevalier, Sgr de Villers.

Dame Marie-Victoire Morel, dame en partie de Neuilly-le-Dieu, veuve de Jean-Baptiste Fouaches, chevalier, — Jean-Baptiste-Louis Fouaches, chevalier, Sgr d'Halloy de Boullan.

Anicet-Timothée-Joseph de Ponthieu, chevalier, Sgr de la Hestrois, Nibat et de Hem les Doullens ; Pierre-François-Nicolas de Ponthieu, écuyer, Sgr de Popincourt, Nibat, son frère aîné ; Casimir-Edouard-Daniel de Ponthieu, écuyer, Sgr d'Arpinval, son frère puiné, — Jean-Baptiste-Maur Morgan, chevalier, Sgr de Fracourt.

Charles-Constant de Malet, comte de Coupigny, chevalier, Sgr du Grand et Petit Occoches, — Louis-Antoine-Henry Gorjeon de Vervile, écuyer, Sgr de Candars.

Claude Le Roy d'Hantecourt, chevalier, Sgr d'Ochencourt, — Pierre-Marie Le Noir, chevalier.

Jean-Marc-Antoine-François Le Vaillant, chevalier, Sgr patron d'Offigny, — Claude-Hyacinthe-Sébastien-Louis Le Vaillant, son fils.

Jacques-François-Joseph-Firmin Le Quieu de Moyenneville, chevalier, Sgr des fiefs d'Offoy et de la Croyette.

Charles-François Dumesnil, chevalier, Sgr de Belleval, Omâtre, — Jacques de Mons, chevalier. Sgr de Meigniax.

Jean-Baptiste-Christophe de Cossart, chevalier, marquis d'Espiés, Sgr d'Omescourt, Epaux Saint-Arnould, Marocquet, Mureaumont Saint-Deniscourt, Brassy, Saint-Clair, Ville-sous-Corbie, Feuquières en partie, — François, marquis de Grasse, des princes souverains d'Antibes.

Charles-Marie, marquis de Créqui, Sgr d'Oust, — Louis-François Gaudechard, marquis de Querrieux.

Louis-Philippe-Marc-Antoine de Noailles, prince de Poix.

Marie-Paul-Charles Le Blond, chevalier, Sgr baron de Vismes, Sgr du Plouy, — Morgant, chevalier de Saint-Louis.

Gabriel-Eléonor, comte d'Oilhamson, Sgr de Prouville, — Pierre-Alexandre Briet du Formanoir, chevalier.

Jean-François de Chassepot, chevalier, Sgr de Pissy, baron d'Anglures, Sgr de Monsures et de Bertinsart.

Charles-Gabriel, comte de Gomart (Gomer), chevalier, Sgr de Quevau-
villers, Bouquinville, etc.

François-Léonor Le Roy, marquis de Valanglart, Sgr du Quesnoy, Oissy,
Bruquemesnil, Riencourt.

Louis-François de Gaudechart, marquis de Querrieux, Sgr dudit lieu.

Jean-Baptiste Maisnelé Colbert, marquis de Sablé et Sgr à cause de la
dame son épouse de Rambures, Lambercourt, Vergies et Lequesne,
— François-Alexandre-Marie-François-de-Paule de Dompierre d'Or-
noy, président au parlement.

Louis-Alexandre Vaysse, écuyer, Sgr de Rainneville, Beauvoir l'Abbaye,
en son nom et comme tuteur de Alphonse-Louis-Charles Vaysse, chevalier, son fils mineur.

Claude-Louis-Joseph de Saisseval, Sgr de Riquemesnil, Hem, Hardin-
val.

François-Xavier-Félix-René Boullenger de Rivery, chevalier, Sgr de
Rivery, d'Omesmont, Creuse-Tagny, etc., — Jean-Baptiste-François-
Charles Boullet, écuyer, Sgr de Varennes.

Marie-Louis-Joseph de Boileau, écuyer, Sgr du fief de Rimbeau ou
Rimbeauval, — François-Bernard Brunel, avocat du roi en ce siége.

Louis-Laurent de Rimbert de Châtillon, chevalier, Sgr de Remilly.

Joachim-Charles de Seglières de Belle-Forrière, chevalier, comte de
Soyecourt, Sgr de Reignières Ecluse, — Charles-François de Calonne,
chevalier.

Louis-Firmin Froment, écuyer, Sgr de Rot, paroisse de Tresmontier.

Louis-Gabriel-Philippe-Augustin, marquis de Gueulluy de Rumigny,
chevalier, Sgr de Rumigny-le-Croc.

Marie-Jeanne-Opportune Perdu, veuve de Henri-François-Nicolas Canet,
écuyer, dame du fief Selincourt, situé à la Houssaye ; et dame Marie-
Sophie-Caroline Canet, veuve de Pierre Dragon Gomicourt, chevalier,
Sgr de Sailly-le-Sec, comme usufruitière et tutrice de ses enfants mineurs, — Jean-Baptiste-Nicolas Canet de Selincourt, écuyer.

François, marquis de Grasse, des princes souverains d'Antibes, Sgr du
marquisat de Sarcus.

Firmin-Paul-François de Bosquillon, chevalier, Sgr de Frécheville, Sgr
du fief de Sailly à Sailly-le-Sec, — Louis-Firmin Froment, écuyer.

Jean-Philippe Vrayet de Saleux, écuyer, Sgr de Saleux.

Jean-Baptiste-Fidel-Auguste-Marie Durieux, écuyer, Sgr de Saisseval,
Saissemont.

Jean-Baptiste Ducroquet, chevalier, Sgr de Saveuses, — Jean-Baptiste-
Firmin Ducroquet, écuyer.

Jacques-Eustache de Louvencourt, chevalier, Sgr du Saulchoy, Cléry,
Ainval, etc.

Jean-Baptiste-Marie Manessier, chevalier, Sgr vicomte de Selincourt.

Mesnin-Charles Guisselin de Landos, chevalier, comte de Louvigny, Sgr
de Saint-Léger, — François-Alexandre de Bussy, comte de Canaples.

Charles-Bernard de Brossart, chevalier, Sgr de Saint-Léger-les-Domart,
— de Bussy, comte de Canaples.

Antoine-François-Augustin de Belloy, chevalier, Sgr de Roger, Hem,
Saint-Marc, — Morgant, chevalier de Saint-Louis.

Jean-Joseph-Justin Le Noir, chevalier, Sgr de Saint-Marc.

Jean-Baptiste du Passage, chevalier, Sgr de Saint-Léger.

Louis-Léon Langlois, chevalier, Sgr de Septemville, etc.

Joseph Gouzier, chevalier, Sgr de Feux. Fluy, etc., — le comte de Mareuil.

André-Vincent Boistel d'Exauvillers, écuyer, Sgr de Ragault et d'un fief situé à Saint-Vast.

Jean-Baptiste-Louis Fouaches, chevalier, Sgr de Halloi Boulan et d'un fief situé à Saint-Vast.

Pierre Fouques, écuyer, Sgr de Tœufles, Bonval, Vironchaux, Machies, Ambreville.

René-Nicolas-Suzanne Sacquespée de Thezy, chevalier, Sgr de Thezy, Tully, Gleimont et Berthancourt-les-Thennes.

D^{lle} Marie-Françoise Danglos, dame du Plisque, La Motte, etc., paroisse de Therines, — le marquis de Grasse.

Le marquis de Courtebonne, marquis de Thoix, Sgr dudit Thoix, Beaudeduit, Offoy et Courcelles, — Jacques-Louis Mullot, écuyer, Sieur du Mesnil, son tuteur.

Jean-Baptiste-Antoine-Joseph Danzel, chevalier de Boismont, Sgr de Longuemore, paroisse de Tours, — François-Bernard Brunel, chevalier, avocat du roi.

Maximilien-Guislain, marquis de Louverval, chevalier, Sgr de Louverval, Toutencourt, — François-Pantaléon, comte de Gorguette d'Argœuves.

Henry-Gabriel de Berry, marquis d'Esserteaux, Sgr de Treux, Buire, etc., — Claude-Louis-Gabriel d'Esserteaux, son fils, comte Sgr dudit Esserteaux.

Charles-Marie-Isabelle-Désiré-Guislain de France, comte de Hezecques, Sgr de Varennes, — Jean-Louis de Franqueville, chevalier.

Jean-Baptiste-François-Charles Boullet, écuyer, Sieur de Varennes.

Jean-Pierre Le Febvre, Sgr de Vadicourt, — Pierre-Charles-Joseph de la Haye, écuyer.

François-Marie-Ferdinand, marquis de Riencourt, chevalier, Sgr de Vaux Tieuloy, — de Bucy-Canaples.

Louis-François, marquis de Belloy, chevalier, Sgr de Vaudricourt, — Louis-Marie Le Fèvre de Milly, chevalier.

Marie-Philippe-Hubert de la Haye, écuyer, Sgr de Vaux-sous-Corbie, Sailly, etc.

Jean-Baptiste du Sauzay, marquis du Sauzay, à cause de dame Marguerite Blottefière, son épouse, Sgr de Vauchelle-les-Domare, — Joseph-Louis-Henri du Sauzay, leur fils aîné.

Pierre-Jean-François Douville, chevalier, Sgr de Douville, Ailly, Villeroi-les-Voisins, — Antoine-Louis-Henry Gorjeon de Verville, écuyer.

Jean-Baptiste-Louis-Marie-Adrien Berthes, chevalier, Sgr de Villers-Boccage, Ossonville, Trouville, etc.

Jean-Jacques, marquis de Gattet et de Montdragon, Sgr de Saint-Chamons et de Villers Champsart, — Florimond Marié de Toulle, Sgr de Foucancourt.

Jacques-Augustin de la Barberie, chevalier, Sgr et patron de Refuvelles, Villers, Vermont, Doudeauville, Courcelles, Rançon, Haussey, — Louis-Charles de la Rue, chevalier, Sgr d'Héricourt.

Charles-François de Selle, chevalier, conseiller du roi en tous ses conseils, maître des requêtes ordinaire de son hôtel, vidame d'Amiens, Sgr de la chatellenie de Vignacourt, Breilly-sur-Somme, Toulay et autres lieux.

Louis-Gabriel, vicomte de Bizemont, chevalier, Sgr et baron de Viguier, comme tuteur de ses enfants mineurs, et de dame Marie-Louise-Angélique-Joséphine de Mannay de Camps, lesdits mineurs Sgrs de Warlus-Camps, Vergy, — Antoine-François Le Caron de Choqueuse, chevalier.

François-Joseph Le Moine de Blangermont, chevalier, Sgr de Wateblery des Essarts, — Claude-Louis-Joseph de Saisseval, chevalier.

Jean-Baptiste-Joseph Boistel, écuyer, Sieur du Roger, Sgr d'un fief à Warlus.

François-Joseph Vaillant, chevalier, Sgr d'Yaucourt, Busni, — Gabriel-Laurent de Sachy de Marcelet, chevalier.

Paul-François de Buissi, chevalier, vicomte du Maisnil, Sgr d'Yvranches, — Louis-François de la Haye, chevalier.

Charles-Louis-André d'Aumale, chevalier, Sgr d'Yvrencheux.

Jean-Baptiste-Nicolas Assaulé, écuyer, Sgr de Zaleux.

Sont ainsi comparus, en vertu de l'article XVI du règlement, les nobles non possédant fiefs, domiciliés dans le ressort de ce bailliage, savoir :

Charles-François de Calonne, officier au régt de la Sarre.
François, chevalier de Famechon.
Pierre-Charles-Joseph de la Haye.
Jacques-Jean-Marie Le Clerc, chevalier de Bussy.
Marie-Charles-Firmin-Alexandre Dufresne de Beaucourt.
Jean-Baptiste-Adrien Tillette de Montors (Mautort).
Marie-Louis-François de Belloy.
Gabriel-Florent de Sachy de Marcelet.
Pierre-Alexandré Briet du Formanoir, fils, chevalier.
Gilles-Henry de L'Hommel de Plouy, écuyer.
Charles-Louis-Gabriel Le Correur, chevalier.
Florent de Sachy de Carouges.
Jean-Baptiste de l'Estoq, chevalier de Louvencourt.
Théophile-Remy Galland, écuyer.
Jacques-Maurice de Chambellan.
Louis-François-Henri de l'Hommel de Plouy, fils, officier au régt de la Couronne.
Alexandre-Charles Galland, écuyer.
Paul-Maximilien de Gaudechart, chevalier de Querrieux.
Achille-Adrien-Jean-Baptiste Galland, écuyer.
Jean-François du Fresne des Fontaines.
Pierre-Charles-Joseph de la Haye, écuyer.
Louis-Antoine-Bernard, chevalier du Passage.
Charles-Pantaléon de la Lierre.
Louis-Thomas de Calonne.
Augustin-François L'Hote de Beaulieu.

Pierre-Marie Le Noir.

Jean Dumont.

Alexis-Louis d'Acheux.

Louis-François de la Haye, écuyer.

Claude-Antoine de Guillebon.

Pierre-François-Théodore Pingré, chevalier.

Nicolas-Louis de Carbonnel, chevalier.

François-Firmin-Henry, chevalier de Faye.

Jacques-Marie-Bertrand Gaillard, chevalier de Boencourt.

Alexandre-Louis-Gabriel, vicomte de Gomer.

Jean-Baptiste-Nicolas Cannet de Selincourt, écuyer.

Jean-Charles-Borromée de Petigny, écuyer.

Sont aussi comparus les nobles possédant fiefs, non assignés, savoir :

Marie-Alexandre-Emmanuel Durieux de Gournay, écuyer, Sgr de Gournay.

François-Michel Petit, écuyer, Sgr du fief de Morcourt.

Jean-Louis-Joseph de Franqueville, chevalier, Sgr d'Abancourt, la Chaussée, Bussy.

Louis-Marie-César de Blin, Sgr de Bourdon, de Boin, de Gizancourt, etc.

Antoine-Alexandre-Marie-François de Canouville, comte de Canouville, Sgr de la forêt de Vignacourt.

Alexandre-César de Fay, chevalier, Sgr de Cempuis.

Louis-Jean-Baptiste-Marie Marié de Toulle, chevalier, Sgr de Ploui-les-Dommart.

> Pour la noblesse du bailliage de Ham n'est comparu personne (p. 743).

> On donna défaut contre les non-comparants dans l'ordre de la noblesse (p. 774) :

Mgr le duc d'Orléans, Sgr du bourg d'Auls, Mers, Croix-au-Bailly.

Le prince de Carignan, Sgr de Dommart-sur-la-Luce.

Le comte de Gouffier, Sgr de Cempuis.

Le comte de Choiseul-Gouffier, Sgr d'Heilli-Franvillers.

Le comte de Wargemont, Sgr de Ribeaucourt, Beaumets.

Le marquis de Chepy, Sgr de Huppy, Chepy, Grouches.

Le marquis de Poutrincourt, Sgr de Poutrincourt, Lincheux.

Le marquis Doria, Sgr d'un fief à l'Équipée (des Friches-Doria).

Le marquis d'Argouges, Sgr de Dompierre.

Le comte de Querecques, Sgr de Bernapré.

Mᵐᵉ la marquise de Fontaine, dame de Woincourt.

Mᵐᵉ de Ternisien, dame d'Audainville et Fresnoy.

De Vaudricourt, Sgr d'Attenay.

De la Chevardière, Sgr de Blangy-Trouvelle.

Briet de Saint-Élie, Sgr de Boismont.

Blondin de Bréville, Sgr de Bézieux.

Boistel, père, Sgr de Belloy-sur-Somme.

De Mauléon, Sgr de Bouttavent-la-Grange.

Medant, Sgr de Caubert.

De Fontaine, Sgr de Cantepie, Bouvincourt, Isle Saint-Hilaire.

Le comte de Pesle (Nesle), Sgr de Cramont.

De Berteville, Sgr de Conteville.

De Vauboulon, Sgr de Dargnies.

La marquise de Rache, dame de Dompierre.

De Scaule, Sgr de Drucat.

De Maubert, Sgr de Fontenoy.

Le Sergent de Merville, Sgr de Feuquières.

Papin de Caumesnil, Sgr de Favières.

Vignier, Sgr de Fransus.

Homacel, Sgr de Frette-Cuisse.

Dausse, Sgr de Friancourt.

Gorguette, Sgr de Fiefvillers et Gorges.

De Croquoison, père, Sgr de Flexicourt.

Du Cardonnoy, Sgr de Gouy.

Dame veuve Boistel d'Uelles, dame d'Heussecourt.

De Soyecourt, Sgr de Hencourt.

Tillette d'Ochancourt, Sgr de Longvillers.

Aldebert, Sgr de Luchnel.

Wallon, Sgr de Loueuse.

Le Roy, Sgr de Hamel et Gré.

Griffon d'Offoy, Sgr de Merelessart.

De Buissy, Sgr de Mons et Béalcourt.

Manessier de Brasigny, Sgr de Montigny-les-Jongleurs.

De Croquoison, fils, Sgr de Montigny, Blincourt.

Le Moine, Sgr de Mesnières.

Landru, Sgr de Neuilly-le-Dieu.

Dumoulin, Sgr de Paillart.

De la Porte, Sgr de Raimisnil.

Le Fèvre du Grosriez, Sgr du fief d'Elincourt, paroisse de Saint-Blimont.

De Rambures, Sgr de Sully.

La dame veuve de Moflers, dame de Saint-Ouin.

Martin, Sgr de Saint-Romain.

Gorin, Sgr de Trouville.

De Beauger, Sgr de Vieuvillers.

De Sablé, Sgr de Witaine-Église.

Du Planty, Sgr d'un fief à Vauchelles.

Dumoulin, Sgr de Wiencourt et l'Équipée.

Artus, Sgr de Wargnies.

La dame veuve du Sauzay, dame des fiefs de Vadencourt et Perchies, situés à Vignacourt.

De Famechon de Canteleu, Sgr d'Izeux et de Mericourt.

SÉNÉCHAUSSÉE DU BOULONNOIS.

Procès-verbal de l'Assemblée générale des trois ordres.

16 mars 1789.

(*Archiv. imp.*, B. III., 35. p. 219, 254-309.)

NOBLESSE.

François-Marie-Omer de Patras, chevalier, Sgr de Campaigno, Sénéchal héréditaire du Boulonnois, ancien capitaine au régt du roi, infanterie, Sgr de Neufchâtel, Hubersent, Rolers, etc.

Le duc d'Ayen, à cause de la principauté de Tingry.

Le duc de Bournonville, Sgr de Bournonville, Houllefort et Courteville, — Nicolas de Briche, demeurant à Boulogne.

Le duc de la Rochefoucauld-Doudeauville, à cause de son duché de Doudeauville, — Jean-François-Antoine de Lastre de Val-du-Fresne.

MM. de Belzunce et de Beaudeville, à cause de leur Sgrie du marquisat de Fienne.

Armand-Joseph de Fresnoy, à cause de sa Sgrie de la baronie de Moyèques.

Du Wiquet d'Ordre, à cause de sa Sgrie de la baronie d'Ordre.

Le Sgr de la baronie d'Engoudesens.

MM. Jean-Louis-François du Blaisel et de Montlezun, à cause de leur Sgrie de la baronie de Lixemes, — Louis-Charles-François-Benoît du Blaisel du Rieux, capitaine au régt Royal-dragons.

Jean-Armand-Henri-Alexandre, marquis de Gontaut, à cause de sa Sgrie de la baronie de Tienbronne, — Jean-Baptiste-Oudart de Dixmieux, ou Dixmude de Montbrun, Sgr de Campagne.

Dlle Jeanne-Joseph-Florence de Leval, veuve de M. Bernard, à cause de ses Sgries d'Attin et Bentin, — Louis-Charles-François-Benoît du Blaisel du Rieux.

Adrien-Joseph-Amélie-Guislain, né comte de Béthune-Saint-Venant, à cause de sa Sgrie de la baronie de Bainetune, — Louis-Marie-Bertrand Le Porcq d'Herlen.

Gabriel-Joseph Le Normand d'Aubonne, à cause de sa Sgrie de la baronie de Bellebrune, — Antoine-Marie-Guislain du Wiquet d'Ordre, lieutenant des maréchaux de France.

Charles-Philippe-Albert-Joseph, comte de Sainte-Aldegonde, à cause de sa Sgrie du marquisat de Colemberg, — Jean-Baptiste-Oudart de Dixmude de Montbrun, père.

lle Marie-Joseph-Charlotte de Caboche, dame de la baronie de Lisacre, —
Louis-Marie-Gilles du Blaisel du Rieux, chevalier de Saint-Louis.

lément-François-Charles-André de la Verdy, à cause de sa Sgrie de la
baronie de Bernieules, — Louis-François-Marie de Forceville de Merlimont.

e comte de Mailly, à cause de ses Sgries de Nesle et Montcavrel.

harles-Marie de Créquy, maréchal de camp, à cause de sa Sgrie de
Wiquinglin.

rançois-Joseph-Hippolyte de Granges, à cause de son fief de la Conné-
tablie.

ean-Guillaume d'Orington, chevalier de Saint-Louis, à cause de son
fief de l'Enseigne.

rançois-Achille Wilecot de Rieuxent (Raucourt), à cause de son fief
de la maréchaussée.

abriel-Charles-André Abot de Basinglien, à cause de son fief de la Bou-
teillerie.

ame Marie-Cécile de Rocquigny, veuve de Gaspard-Louis-François de
Bédoréde de Montolieu, dame du fief de Maquinglien, — François-
Marie du Blaisel de la Croix, commandant d'Ambleteuse.

ntoine-François-Marie de Bernes de Longvilliers, à cause de sa Sgrie
de la chatellenie de Longvilliers, — Gabriel-Ambroise de Bernes de
Longvilliers, son fils.

ean-Louis de Crendalle, à cause de son fief de la Rouville et Wimille, —
Louis-Marie Bodart de Buire.

chille-Armand Patras de Campaigno, chevalier de Saint-Louis, capitaine de grenadiers au régt du roi, infanterie, à cause de sa Sgrie de
Saint-Léonard.

lle Louise-Françoise-Octavie de Patras de Campaigno de Neufchâtel,
à cause de sa Sgrie d'Eugmenhaut, — François-Marie du Blaisel de
la Croix, commandant d'Ambleteuse.

rançois-Oudart Duquesne de Clocheville, à cause de sa Sgrie de la
chatellenie de Belle, — Louis-Oudart de Dixmue ou Dixmude.

ean-Baptiste Chinot de Chailly, chevalier de Saint-Louis, colonel d'infanterie, à cause de son fief de Froidmessent.

harles-François-Marie de Wavrans, à cause de sa Sgrie de Boursin, —
Charles-Louis de Cormette, Sgr d'Ernevaux.

ame Marie-Louise-Claudine-Françoise de Fiennes de la Planche, veuve
de M. François-Claude-Auguste de Roussel de Préville et ses enfants,
à cause de leurs Sgries d'Ecaut, — Oudart-Jean-Baptiste de Fiennes
de la Planche, Sgr de Le Faux.

ame Marie-Magdeleine Vidart de Sainte-Claire, veuve de M. Antoine
Dixmue ou Dixmude de Hames, à cause de sa Sgrie de Videlieu, —
Antoine-Auguste Dixmue, son fils.

e Roisin, à cause de sa Sgrie de Selles.

harles-François-Marie de Cossette de Vailly, à cause de sa Sgrie de Vailly et Panilieu, — Marie-Camille Filion de Villemur.

me de Bergue, à cause de sa Sgrie de Ligny.

héodore de Sandrouins (Desandrouin), chevalier non-profès de l'ordre
de Malte, à cause de ses fiefs à Fiennes et Hardinglien.

ean-Pierre-Nicolas de la Fitte, à cause de sa Sgrie d'Audisque, — François-Marie Patras de Campaigno, lieutenant au régt de la marine.

Antoine Dixmue ou Dixmude de Hames, à cause de sa Sgrie de Queslien.

D^lle Marie-Marguerite-Antoinette Dixmue ou Dixmude de Hames, à cause de son fief de Wierre-Effroi, — Gabriel de Campaigno, chevalier de Saint-Louis.

Dauphin d'Alinglien, à cause de sa Sgrie d'Alinglien.

Louis-Charles de Cormette, à cause de sa Sgrie de Henneveux.

Jean-Marie Descajeulx, à cause de sa Sgrie de Manniglien, — François-Marie du Blaisel, commandant de Boulogne.

Edme-Antoine-François de la Pature d'Offretun, à cause de son fief d'Offretun, — Jean-Antoine-César de la Rue, chevalier de Saint-Louis.

Antoine-François-Marie du Quesnoy d'Eccueil, à cause de son fief d'Eccueil, — Charles-Marie de Créquy, maréchal de camp.

Auguste-Charles-César de Flahaut de la Billarderie, chevalier de Saint-Louis, — François-Marie du Blaisel de la Croix, commandant de Boulogne.

Joseph-Marie-Balthazar-Alexandre d'Ennetières, maire et bail de D^lle de Sainte-Aldegonde, à cause de ses fiefs d'Edigneul-le-Turne et Dumanoir, — Jean-Louis Disque Dumanoir, chevalier de Saint-Louis, colonel d'infanterie.

Louis-Charles de Sainte-Aldegonde, fils, à cause de sa Sgrie de Nabinglien, — Jean-Louis Disque Dumanoir.

Le Sieur Louis d'Audincthun, fils, Sgr du fief de Lassalle en Audisque, — Jean-Guillaume d'Audincthun, père, chevalier de Saint-Louis.

Louis-Charles de Guéroult de Boisrobert, à cause de ses fiefs Dalongeville et l'Epinoy, — Antoine-Marie Dutertre, commissaire des guerres.

Michel-Louis-Marie de Bernes de la Haye, à cause de sa Sgrie de la Haye, — Augustin-Benoît Lamottier Chinot de Chailli, capitaine de remplacement au régt de Royal-Vaisseau.

Jean-Benoît Torquat de Montcorney de Caumont, à cause de sa Sgrie de Montcornet, — Antoine-Marie-Guislain du Wiquet d'Ordre de Réty, lieutenant des maréchaux de France.

Gabriel de la Folie, à cause de sa Sgrie de la Motte, — Des Androuins, chevalier non-profès de l'ordre de Malte.

Ambroise de Partz, Sgr en partie de Cormont, — Charles de Campagne de Planny, chevalier de Saint-Louis.

Dame Louise-Caroline-Livie Honbronne d'Avinglien, veuve de M. Georges-Marie-Magdeleine Dumont de Courset, à cause de sa Sgrie de Florinetun, — Georges-Louis-Marie Dumont de Courset, son fils.

D^lle Marie-Louise-Françoise-Aldegonde Duquesnoy d'Ecueil, à cause de sa Sgrie du Val d'Enquin, — Jean-François-Marie des Groseilliers de Quillan.

Charles de la Chaussée, à cause de sa Sgrie de Selieu, paroisse de Preuves, — Des Groseilliers de Quillan.

Charles-Hubert-Marie-Gaspard de la Fontaine Solard, à cause de sa Sgrie de Verlinetun, — Louis-Oudart de Dixmue ou Dixmude.

Louis-Alexandre Dutertre, à cause de ses Sgries de Lacres et Cormon en partie, — Antoine-Marie Dutertre, commissaire des guerres.

D^{lle} Marie-Louise-Charlotte de Croeser d'Audinetun, à cause de sa Sgrie de Hobangues, — Le Noir, Sgr du vicomté de Montreuil.

Simon-Joseph Moullard de Torcy, à cause de son fief de Villemaret, — Achille-Armand Patras de Campaigno, capitaine au régt du roi.

Charles-Benoît du Blaisel de Belle-Isle, à cause de sa Sgrie d'Etrulles, — Amable-François de Hannicque d'Erquelines.

Pierre-Marc-François de la Cressonnière, bailli d'épée de Saint-Quentin, à cause de sa Sgrie de Noirberne, — Achille-Armand Patras de Campaigno, capitaine au régt du roi.

Antoine-Joseph de Hemond, à cause de sa Sgrie du Prés Louchet, — Marie-Gaspard-François-Gédéon Le Vasseur de Thubeauville.

Amable-François-Marie-Hubert Mallet de Coupigny, à cause de sa Sgrie de Verchoque, — Gabriel Patras de Campaigno, chev. de Saint-Louis.

François-Isidore Le Roy de Bardes, à cause de sa Sgrie de la Fresnoye, — Antoine-Louis-Marie de la Villeneuve, Sgr d'Alinetun.

Dame Marie-Madeleine-Armande-Julie de Roussel, veuve de M. Antoine-François-Elisabeth de Rocquigny, à cause de ses Sgries de Pernes et Longfossés, — Claude-Elisabeth-Gabriel Patras de Campaigno, lieutenant aux Gardes-Wallones.

Dame Jeanne-Armande Lebel de Croissi, veuve de M. Antoine-François-Hubert Gabriel de Rocquigny du Fayel, à cause de sa Sgrie de Le Faux, — Louis-Antoine de Patras de Campaigno, officier au régt de Royal-Dragons.

Jacques-Alexandre-Antoine-François de Courteville d'Hodicq, maréchal de camp, à cause de sa Sgrie d'Hodicq, — De Forceville.

Félix-Louis-Joseph Varnier de Wailly, à cause de sa Sgrie de Lignon Verdure, — Jean-Baptiste Monk d'Ergny.

Dame Marie-Catherine Chartonnet, veuve de M. Timoléon du Tertre de Nielles, à cause de sa Sgrie de Preurelles, — Charles Chinot de Froidmessent, capitaine au régt de Royal-Vaisseau.

François-Hubert Regnier d'Esquincourt, au nom et comme chargé de la procuration de M. Charles-Antoine Acary de la Rivière, — Charles Chinot de Froidmessent.

François-Hubert Regnier d'Esquincourt, en son nom à cause du fief d'Esquincourt, — Marc-Antoine Le Vaillant du Chatelet de Cault, chevalier de Saint-Louis.

Charles-Louis-François Acary de la Suze, mari et bail de D^{lle} du Blaisel de Belle-Isle, Sgr de Brexént, — Louis-Marie de Lastre de Noirmathe, chevalier de Saint-Louis.

Louis-Antoine de Dixmue ou Dixmude de Hames, commandant de Montreuil, à cause de son fief de Landaires, — Antoine-Auguste de Dixmue, son frère.

Jacques-François Maire de Framery, chevalier de Saint-Louis, à cause de sa Sgrie d'Enocq, — De Lastre de Longatte.

Bertrand de Fresnois de Bertheulaire, à cause de sa Sgrie de Bertheulaire.

François-Claude de Fresnois du Quesnoy, à cause de sa Sgrie du Quesnoy.

Le Noir, Sgr du vicomté de Montreuil, à cause de ses fiefs de Dignopré et Bécourt.

Louis-Marie Bodart de Buire, à cause de sa Sgrie de Saint-Michel.

Oudard-Achille-Jean-Baptiste de Fiennes de la Planche, Sgr de Le Faux.

François-Marie-Gaspard-Gédéon Le Vasseur de Thubeauville, à cause de sa Sgrie de Thubeauville.

Louis-François Le Thueur de Jacquant, à cause de ses Sgries de Jacquant et de Combremont.

Louis Dusoulier, capitaine de dragons, à cause de ses Sgries d'Imberthun, Rault et Leulinglin.

Antoine-Marie-Guillaume de Duwicquet d'Ordre, lieutenant des maréchaux de France, à cause de sa Sgrie de Réty.

Charles-Adrien-Denis de Tutil de Guemy, fils, officier de dragons, à cause de sa Sgrie de Bedouatre.

Jean-Baptiste-Oudart de Dixmue ou Dismude de Montbrun, à cause de ses Sgries de Montbrun, Resques et Baduet.

Louis-Marie de Lastre de Noirmathe, à cause de sa Sgrie de Noirmathe.

MM. les gentilshommes non fieffés, non assignés et comparants :

Antoine-Marie Dutertre, chevalier de Saint-Louis, commissaire des guerres de la division de Picardie.

Augustin Chinot de Chailly, capitaine à la suite au régt de Royal-Vaisseau.

François de Lastre de Mépas.

André-François Musnier de la Converserie, chevalier de Saint-Louis.

Charles Chinot de Froidmessent, l'aîné, capitaine au régt de Royal-Vaisseau.

Marc-Henry Le Vaillant du Châtelet d'Offretun.

Marie-Louis-Gilles du Blaisel du Rieux, père, chevalier de Saint-Louis

Louis-Marie-Bertrand Le Porcq d'Herlen.

François-Marie du Blaisel, chevalier de Saint-Louis, commandant de Boulogne.

François-Marie du Blaisel de la Cloye, chevalier de Saint-Louis, commandant d'Ambleteuse.

Louis-Charles-François-Benoît du Blaisel du Rieux, fils, capitaine de dragons.

Jean-Baptiste Le Grain.

Jean-Marie-Edouard de Guisselain de Tailleville, père, — De Guisselain de Tailleville, son fils (Guiselin).

Charles-César-Marc-Antoine de Lenclos.

Louis-Marie-Joseph Dutertre d'Elmarque.

Gabriel-Ambroise de Bernes de Longvilliers, père.

De Bavre, capitaine de vaisseau.

Abot de Bazinguin, père.

Jean-Louis Disques du Manoir, chevalier de Saint-Louis, ancien colonel d'infanterie.

Gabriel Patras de Campaigno, chevalier de Saint-Louis, Sgr de Painetun.

Louis-Marie Ducampe de Rosamel, maréchal de camp, à cause de sa Sgrie de Comteville et de Frene.

Pierre-François de Lastre de Longathe.

Antoine-Louis-Marie de la Villeneuve, Sgr d'Almetun.

Antoine-César de la Rue, chevalier de Saint-Louis, Sgr du Hamel.

Louis-Marie-Achille de la Villeneuve, officier de chasseurs des Pyrénées, Sgr du Camp Deleyme.

Jean-Nicolas de Briche, à cause de sa Sgrie de la Capelle.

Jean-Baptiste Monk d'Ergny, Sgr d'Ergny, du Breuil et du Hamel-du-Châtelet.

De Bernes de Longvilliers, fils, capitaine au régt de Picardie.

Charles Champagne de Plancy, Sgr d'Avricourt.

Claude-Elisabeth-Gabriel Patras de Campaigno, fils, lieutenant aux Gardes-Wallones.

Marie-Camille Fillion de Villeneuve.

Louis-Antoine Patras de Campaigno, officier au régt de Royal-Dragons.

François-Marie Patras de Campaigno, officier au régt de la Marine.

Jean-François-Antoine de Lastre de Val du Fresne.

Louis-Marie Le Vaillant du Châtelet, Sgr d'Audenfort.

Le Porcq de Champart, chevalier de Saint-Louis.

Louis-Marie-François Le Vaillant du Châtelet, Sgr de Bernancourt et de Baudretun.

Marc-Antoine Le Vaillant du Châtelet, Sgr de Cault et de l'Espargnerie.

Louis-François-Marie de Forceville de Merlimont, Sgr de la baronie et vicomté de Merlimont.

Jean-Antoine-François-Barthélemy du Blaisel d'Enquin, Sgr d'Enquin.

Louis-Maire-Armand-Daniel de Guisselain des Barreaux.

Charles-Denis-Nicolas-Marie de Guisselain de Tailleville.

Jean-Baptiste-Omer-Claude Pouques d'Herbighen, fils.

François-Marie Le Roi de Méricourt.

Louis-Marie-Magloire Le Roy d'Ambleville.

Philippe-Jean-Baptiste Jacquemin de Château-Regnault, Sgr de Framesselles et Audinghen.

Amable-François de Hannicques d'Erquelines, l'aîné, Sgr d'Echinglien.

Philippe-Pierre-François de Bernes de Trion, Sgr de la Motte et Bignopré.

Louis-Henry-Nicolas de Bernes de la Haye.

Jean-Baptiste de Guillemy de Longpré.

René-François Fisset de Quenuval.

Achille-Ambroise-Xavier Crendalle de Chambreuil.

Louis-Achille-Ambroise du Disque Dubreuilh.

Antoine-Louis de Hannicques d'Erquelines le jeune.

Charles-Robert de Bournonville, Sgr de la Haye.

Louis-François Delporte de Conteval, Sgr de Conteval.

Adrien-Bertrand-François-Marguerite de Tutille de Guémy, Sgr de Marquise en partie et d'Ardenthun.

Archibald Ogilvy, major d'infanterie.

Jacques-Étienne Delporte de Jourville.

Toussaint Delporte de Bouvier.

François Delporte.

Pierre Buttler, lord de Galmoy, colonel d'infanterie.

Jean-Charles Martinet, Sgr de la Salle.

Louis-Oudart de Dixmue ou de Dixmude de Montbrun.

Balthazar-André Aylmer, officier irlandais.
Jean-François-Marie des Groseilliers, Sgr de Quillan.
Charles de Berne de Longvilliers, officier.
Charles-Laurent de Bernes de Longvilliers, officier de carabiniers, Sgr
de Questresques et de Montigny.
Louis-Gaspard-Nicolas Levreux, maréchal des camps et armées du roi.
De Mahonny, lieutenant-colonel d'infanterie.
Emmanuel-Jacques Perrier du Cothers, officier au régt de Diesbach.
Georges-Louis-François de Hémond, à cause de sa Sgrie de Seulèque.

BAILLIAGES DE CALAIS & ARDRES.

Procès-verbal de l'Assemblée générale des trois ordres.

10 mars 1789.

(*Archiv. imp.*, B. III., 41. p. 89, 100-123.)

NOBLESSE.

Eustache-Antoine-Richard de Béhague, écuyer, Sgr de Roemont,
Crozai, etc., conseiller du roi, président, lieutenant général et seul
commissaire au siége de la justice générale de Calais et pays reconquis.

François-Joseph-Théodore, vicomte d'Isandrouin (Desandrouin), chevalier de l'ordre de Malte, chambellan actuel de l'empereur et ci-
devant de feue l'impératrice reine, à cause de la terre et baronie
d'Ardres, située en Calaisis.

Mgr Joseph-Anne-Auguste-Maximilien Croy, duc d'Havré et de Croy,
prince du Saint-Empire, grand d'Espagne de la première classe, châtelain héréditaire de la ville de Mons en Hainault, gouverneur de
Schelestadt, maréchal des camps et armées du roi, comte de Hames,
à cause du comté de Hames, — représenté par Louis-Charles, comte
de Calonne Courtebonne.

Etienne-Marie, comte de Saint-Martin, chevalier, colonel d'infanterie,
lieutenant en premier aux gardes françaises, Sgr en titre près Abbeville de Frethun en Calaisis, etc., à cause de sa Sgrie de Frethun, —
Louis-Daniel de Foucault, écuyer, chevalier de Saint-Louis, ancien
capitaine de grenadiers au régt de Picardie.

René de Ternisien, chevalier, Sgr de Boisville, à cause des terre et Sgrie
de Caillemottes,— Achille-Benoît de Regnault d'Arnault de Crepieule,
écuyer.

François-Hugues d'Ault, chevalier, Sgr de Caillemottes, du Mesnil et Cou-
lonvilliers, à cause de la terre de Caillemottes, — Marc-Guy Regnault,
chevalier d'Arnault, écuyer, ancien officier au régt de Flandres.

Le duc de Doudeauville, à cause de sa Sgrie de Cocquelles, défaillant.

Le marquis d'Escajeuls, à cause de sa Sgrie de la Grande-Rouge Cambre, défaillant.

Antoine-Charles-Dieudonné Jacomel, chevalier, sieur de Bienassise, maréchal des camps et armées du roi, sous-lieutenant commandant des villes fortes citadelles, et en second dans les provinces de Calaisis et Ardrésis.

Jacques-Charles-Louis-Marie de Guiselin, sieur de Bienassise et de Leulingue.

Armand-Joseph de Fresnoy, Sgr de Moyecque, de Landreteun, *aliàs* baron de Landrethun (p. 194), capitaine d'infanterie.

Alexandre-Roger Colbert, baron de Castelhill, capitaine d'infanterie.

Louis-Daniel de Foucault, écuyer, chevalier de Saint-Louis, ancien capitaine de grenadiers au régt de Picardie.

Henri René Desessarts (des Essars), chevalier, Sgr de la Clux.

Edme Filley de la Barre, écuyer, chevalier de Saint-Louis, lieutenant-colonel d'infanterie.

Daniel-Marie de Guisselin, chevalier, Sgr du Puits d'Hussart, etc.

Louis-Charles du Tremblay, écuyer, ancien capitaine de grenadiers au régt de Forez, chevalier de Saint-Louis, pensionnaire du roi.

Jacques-Godefroy Hobacq, chevalier major de la place de Calais, chevalier de Saint-Louis.

Louis-Eugène Guilbert d'Alenthum, écuyer, ancien capitaine au régt de Traisnel.

Louis-Marc de Bodart, écuyer, Sgr de Buire ou Treire, Saint-Michel, etc., ancien mousquetaire de la seconde compagnie des mousquetaires de la garde du roi.

Louis de Guisselin, chevalier, ancien page du roi en sa grande écurie, lientenant au régt de Lorraine-Dragons et capitaine d'une compagnie de gardes-côtes du Calaisis.

Jean-Marie Samson de Fiennes de Laplanche, officier au régt de Bourgogne.

Achille-Benoît de Reynaud d'Arnault, écuyer, demeurant sur sa terre de Beauregard.

Jean-Louis Crendal, *aliàs* Crendalle, écuyer, Sgr de la Rouville.

Louis-Marie-François du Tremblay, écuyer, lieutenant au régt d'Angoumois.

Marc-Guy de Reynaud, chevalier d'Arnaud, ancien officier au régt de Flandres.

Henry-Joseph Blanquart de Bailleul, écuyer, Sgr de Bailleul, procureur du roi de cette justice générale.

Jean-Jacques Bourdin, secrétaire du roi, honoraire du grand collége.

Hippolyte Bourdin de la Barre, écuyer.

Louis-Marie Blanquart de Sept-Fontaines, écuyer, Sgr de Sept-Fontaines, procureur syndic de la noblesse en l'assemblée du département de Calais, Montreuil et Ardres.

Marie-Jean-Guillaume de la Coursière, écuyer, ancien officier des gens d'armes du roi de Prusse, ancien officier au régt de Halleville.

Jean-Baptiste-François de Camyn, écuyer, officier au régt d'Armagnac.

Jean-Marie Samson de Fiennes de la Planche, chevalier, volontaire de la 1re classe au corps royal de la marine.

Louis-Charles de Calonne Courtebourne, à cause de sa baronie de Licques.

Eustache-Amédée, comte de Calonne Courtebourne, baron de Bouquehault, à cause de sa dite baronie.

Henri-Louis-Libéral-Antoine-Gaspard de Latour de la Boulie, chevalier, Sgr en partie de Landrethun-les-Ardres, chevalier de Saint-Louis, capitaine à la suite des dragons.

Antoine-Nicolas de la Gorgue, écuyer, Sgr de Rony, etc., président-trésorier de France, à cause de sa baronie du Ral en Surguel, Drimes, Eclerny et en partie de Frelinghem.

François-Ambroise-Floridon d'Aix de Licques, écuyer, Sgr de Dignopré.

Louis-Marie Raoult, écuyer, Sgr de Rudeval.

Antoine-François-Marie Raoult, écuyer, Sgr de Chanteraine, Buire, Tancreville (Tancarville), ancien capitaine d'infanterie.

Antoine-Louis-Hubert de Saint-Just, chevalier, Sgr de la pairie d'Autingues, etc., officier d'infanterie.

Louis-François Dessaux, écuyer, officier d'infanterie.

Antoine-Joseph de Charnachez (Charnacé), écuyer, Sgr de Lianne et de Bissuet, chevalier de Saint-Louis, lieutenant-colonel d'infanterie.

Oudart-Jean-Baptiste de Fiennes, écuyer, Sgr de la Planelle-le-Faux, etc., à cause de sa Sgrie de Bancon, — Louis-Marie Raoult, écuyer, Sgr de Rudeval.

Antoine-François-Marie Doujon de Saint-Martin, écuyer, Sgr de la baronie de Balinghem, de Saint-Martin en Louches, etc., à cause de ladite Sgrie de Saint-Martin en Louches, — Eustache-Amédée, comte de Calonne Courtebourne, baron de Bouquehaut.

Jean-Louis-Joseph de Roghes, chevalier, Sgr des fiefs et Sgries de Combremont, Bretehem et Wissocq, — François-Marie Raoult, chevalier, Sgr de Buire, Chantraine, Tancreville, etc.

Pierre-Marc-Antoine-François d'Ampleman de la Cressonnière, Noirbenne, Bournoille, la Casée, Moncrove, la Chapelle, etc. (vicomte de Wolphus, p. 198), lieutenant-colonel d'infanterie, chevalier de Saint-Louis, lieutenant aux Gardes-Françaises, conseiller du roi en ses conseils, bailli d'épée de la province de Vermandois, — Louis-Eugène Guilbert d'Alenthun.

Henri-Joseph Blanquart, écuyer, Sgr de Sept-Fontaines, Lamothe, etc., ancien procureur du roi de cette juridiction, à cause de la Sgrie de Sept-Fontaines, — Henri-Joseph Blanquart, écuyer, Sgr de Bailleul, etc., conseiller du roi de cette justice.

Louis-Eugène-Marie, comte de Beaufort, comte de Moulle et de Buisencherre, vicomte de Houlle, de Zélande et de la Junette, baron de Pottes, etc., membre et ancien député à la Cour du corps de la noblesse des états d'Artois, — Eustache-Amédée, comte de Calonne Courtebourne, etc.

Philippe-François-André-Joseph des Essarts, Sgr de Vicourt ou Vincourt, Lannoy, Bussecour, Journy, etc., à cause de sa Sgrie de Bonningues, — Alexandre-Paul-Roger de Colbert, baron de Castel-Hil.

Alexandre-Théodore-Gabriel de Baudot du Breuil, écuyer, Sgr du Breuil, major et ayant lettre de commandant de la ville d'Ardres, chevalier de Saint-Louis, mari et bail de D^lle Jeanne-Geneviève-Antoinette de

Saint-Just, dame du fief noble du Vallon du Breuil en Rodelinghem, à cause du fief de Vallon, — Louis-Charles du Tremblay, écuyer, ancien capitaine de grenadiers du régt de Forez, chevalier de Saint-Louis.

Pierre-Hubert Dessart (des Essars), chevalier, Sgr de Nielle, etc., — Louis-Marie Blanquart de Sept-Fontaines.

Antoine de Saint-Just, écuyer, Sgr de Lordapt de Milly, de la Haucherte, conseiller du roi, lieutenant-général civil et criminel au bailliage royal d'Ardres et comté de Guines, à cause de sa Sgrie de Crillampré, — Camyn, officier au régt d'Armagnac.

Louis-Charles, comte de Sainte-Aldegonde de Noircarme d'Hut et du Saint-Empire romain, capitaine de dragons au régt du Colonel-général, à cause de sa baronie d'Alembon, — Antoine-François-Marie Raoult, Sgr de Chantraine.

Dame Marie-Marguerite de Saint-Just, veuve de M. Garnier, subdélégué de l'intendance de la Picardie, dame des fiefs nobles de Boulinville, de la Chenaye et de Wierhove.

Claude-Louis, marquis de Saisseval, colonel de dragons, à cause d'un fief de cinq mesures de bois mouvant de l'abbaye d'Ardres.

De Guiselin de Grandmaison, comme propriétaire du fief des Puits Dussart.

Dlle Marie-Françoise-Jacqueline de Saint-Just, — Louis de Guiselin, fils, capitaine des canonniers gardes-côtes de la division de Calais.

Louis-Jean-Hercule de Saint-Just, écuyer, Sgr de Briantpré et d'un fief noble à Nielle, — Louis-Charles du Tremblay, écuyer, ancien capitaine des grenadiers au régt de Forez, chevalier de Saint-Louis, pensionnaire du roi.

Louis-Marie-Antoine Dessaulx, écuyer, Sgr de L'Hermitage et d'Olove, — Louis-Marie-François Dessaulx, son frère, écuyer, lieutenant au bataillon de Cambrésis.

Louis-Charles Antoine Le Marchant, chevalier, Sieur de Charmont, Sgr du Blanquart Duwort Lahaye, etc., chevalier de Saint-Louis, de N.-D. de Mont-Carmel et de Saint-Lazare de Jérusalem, capitaine de cavalerie, premier lieutenant du régt Royal-étranger, — De Saint-Just, écuyer, Sieur d'Aulingues, officier.

Dame Claudine-Hélène du Wicquet, veuve de Etienne de Laboulie, vivant, chevalier de Saint-Louis, commandant pour le roi des ville et citadelle de Calais, à cause de sa Sgrie de L'Andrethun, — Claude-Louis, marquis de Saisseval.

Louis-Charles, comte de Calonne Courtebonne, baron de Licques, au nom et comme tuteur honoraire de Albert-Louis-Jacques de Calonne Courtebourne, marquis de Courtebourne, aide de camp de S. A. S. Mgr le prince de Condé.

Dlle de Calonne de Courtebourne, dame de Bouvelinghem, etc., — le baron de Colbert.

Marie-Patrice-Nicolas-Thomas de Magrath, écuyer, chevalier, ci-devant officier au régt de Berwick.

Jean-François Bouchet de Mérenville, écuyer, major du corps royal d'artillerie, chevalier de Saint-Louis (p. 125).

BAILLIAGE DE MONTREUIL-SUR-MER.

Procès-verbal de l'Assemblée générale des trois ordres.

16 mars 1789.

(Archiv. imp., B. III., 92. p. 65, 78-94.)

NOBLESSE.

Jean-Marie-Denis-Hubert de la Fontaine, Sgr de Berk et Grofiliers, — Augustin de Louvel.

Antoine-François-Marie Raoult, Sgr de Maintenay, — Balthazar Raoult, son neveu.

Maximilien-Guilain de Louverval, Sgr de l'Epinoy, — Pierre-Antoine-François de la Pasture de Verchoq.

Louise-Melchior de Carbonnière, dame de Dompierre, Roye, Rapchy, Voisin, veuve de Charles-Louis d'Argouge, — François-Isidore Le Roy de Barde.

Louis-François-Marie de Forceville, Sgr de Merlimont, — Antoine-François-Marie Duquesnoy d'Ecœuilles.

Charles-Antoine d'Accary, Sgr de Monthuy, — Hubert Regnier d'Esquincourt, son oncle.

Eugène-Henri-Joseph Le Sergent de Lilliette, Sgr principal de Rebergue, — François-Isidore Le Roy de Barde.

Dominique Le Noir, Sgr de Routant, — Antoine-François-Marie Duquenoy d'Ecœuilles.

Marie-Louis-Charlotte de Croeser d'Andmethun, dame du village de Saint-Aubin, — Louis-Alexandre Dutertre.

Jacques-François-Marie de Framery d'Enocq, Sgr de Sorrus.

François de Bugue du Hamel, Sgr de Legard en Tigny, — Dominique Dupuis de Rame.

Charles-Hubert-Marie-Gaspard de la Fontaine Solar, Sgr de Verton, — Dixmude de Montbrun.

Louis-Charles de Guéroult de Boisrobert, Sgr de Voisin, chevalier de Saint-Louis.

Catherine-Jeanne Jacob Ducaters, veuve de François-Aleaume-Joseph de Fontaine, Sgr de Devron, — Simon-Joseph Moullard de Torsy.

Charles de Cossette, Sgr de Wailly.

Balthazar Raoult, Sgr de Maintenay.

Hubert Regnier d'Esquincourt, propriétaire du fief de Vizemares, chevalier de Saint-Louis.

Simon-Joseph Moullard de Torcy, propriétaire du fief d'Ardonnie en Beaumery, chevalier de Saint-Louis.

Jacques-Balthazar de Relingue, chevalier de Saint-Louis.

Ambroise-Gabriel de Berne, chatelain de Longvilliers.

Augustin de Louvel de Frêne.
Florent de Neuville, chevalier de Saint-Louis.
Charles-Albert Loisel Legaucher, chevalier de Saint-Louis.
Charles-Louis-François Accary de la Suze, chevalier de Saint-Louis.
Louis-Alexandre Dutertre, Sgr du fief de Cavron en Boningue.
Louis-Antoine Dixmude, chevalier de Hames, lieutenant pour le roi en cette ville.
Charles-Ambroise-Marie Dutertre, chevalier de Saint-Louis et major de cette ville.
Bertrand-Joseph de la Haye, chevalier de Saint-Louis.
Michel-Louis-Marie de Berne, Sgr de la Haye.
George-Gabriel Voltier de Moyencourt, chevalier de Saint-Louis.
Antoine-François-Marie Duquenoy d'Ecœuille, chevalier de Saint-Louis.
François-Isidore Le Roy de Barde, Sgr de Frémicourt.
Barthélemy-Jacques-Louis de Gosson.
Pierre-Antoine-François de la Pasture de Verchocq.
Marie-Antoine Dutertre, chevalier de Saint-Louis.
Charles-Benoît du Blaisel de Belle-Isle.
Henri-Dominique d'Accary de la Rivière, chevalier de Saint-Louis.
Charles-Henri-Louis d'Accary de Beaucoroy, Sgr de Cœuvrement-en-Ecuire, chevalier de Saint-Lazare.
Louis-Antoine Moullart de Grammoulin.
Charles de la Chaussée, ancien page du roi.
Louis-François-Joseph Moullard.
André-Hercule de Rongeat.
Jean-Marie de Cossette.
Mathieu-Charles-Marie-René de Guéroult de Boisrobert.
Louis-Joseph-Félix Warnier de Wailly.
Jean-Baptiste-Joseph Dupuis.
Dominique Dupuis de Rame.
François Dupuis de Champvallon.
Charles-Florent de Neuville.
Charles-Louis de Neuville.
Louis-Florent de Meunier.
Pierre-Augustin-Thomas de Meunière.
Charles-Eustache de Neuville, sieur de Larville.
Anne-Jeanne-Catherine-Alix du Chêne, dame du fief de Tourteville; veuve de M. Laurent de Mithon, Sgr d'Arselaine, — Barthélemy-Jacques-Louis de Gosson.
Marie-Françoise-Armande Saissevalle (de Saisseval), dame de Blairoroville, veuve de Pierre-Jean-Gaspard Raoult, Sgr de Buire, de Maintenay et de Tancarville, — Louis-Antoine Dixmude, chevalier de Hames.
Guislain-François de France, chevalier de Saint-Louis, ancien capitaine de cavalerie, Sgr de Bertronval, de Betancourt-sur-Mer, du fief de Fauquemberge, — Charles-Albert-Loisel le Gaucher, chevalier de Saint-Louis.

On donna défaut contre :

Le Sgr d'Argoulles,
Le Sgr de Brimeux,
Le Sgr de Campigneulles-les-Grandes,
Le Sgr de Dominois,
Le Sgr du Loquin,
Le Sgr de Nampont Saint-Firmin,
Le Sgr de Saint-Martin,
Le Sgr de Waben, tous de l'ordre de la noblesse.

BAILLIAGES DE PÉRONNE, ROYE & MONTDIDIER.

Procès-verbal de l'Assemblée générale des trois ordres.

30 mars 1789.

(*Archiv. imp.*, B. III., 118. p. 284, 333-361.)

NOBLESSE.

Bailliage de Péronne. (1)

Dervitasse de Mandovillers (de Witasse de Vermandovillers), fondé de
    pouvoirs de M. le chevalier d'Etende.
Antoine-Charles-Gabriel, marquis de Folleville et de Castelnau.
André-Charles-Honoré, comte de Couronnel, Sgr d'Asservillé.
Le chevalier de Bracquemont, — le marquis de Neille, Sgr de la baronie
    d'Athies.
Raymond de Bussy, — Linard d'Eveluy.
Antoine de Guillebon, — Mme Marie-Françoise Morel, veuve d'Aumale.
Pierre-Maximilien de Louverval, — Mme Victoire-Delphine Vaillant,
    veuve de Guillebon.
Alexandre-Théodore de La Meth, — Augustin-Louis-Charles, marquis
    de La Meth.
Marie-Pierre-Nicolas Witasse de Bussu, Sgr du fief de Soyecourt, à As-
    sevillers.
Gilbert-Nicolas Luire de Hêtre, — Dame Marie-Anne-Catherine-Gilbert
    .Morel, dame de Pecorbel.
Reynard de Bussy, — Louis-Anne.de Lafons, Sgr de Bernes.
Le marquis de Rollain, — Louis-Henri, marquis de Querceque, Sgr de
    Forceville.

(1) M. de Hansy de Robecourt, avocal du roi et maire en exercice de la ville de
Péronne, fut député du tiers-état à l'Assemblée générale des trois ordres.

Le baron de Biache, Sgr de Biache.

Toussaint-Jacques-Paul Morellet, — Dreux de Beauvoir, Sgr de Boucly.

De la Briche, — Mme Marie-Anne-Thérèse Dorigny, veuve de M. le baron
d'Amerval.

Toussaint-Jacques-Paul Morellet, — le Poultier de Perigny, Sgr de la
baronie de Bicoste.

Albert-Marie-Louis-Emard Gaudechart de Querrieux, — Mme de Bray,
dame de Bussu.

Louis-Marie, marquis d'Estourmel, baron de Cappy.

Dorigny, — Manessier, vicomte de Selincourt, Sgr des fiefs d'Ossemant-
Lierval et autres lieux.

Le chevalier de Fontaine, — le baron de Balainvilliers, Sgr de Clery et
Omecourt.

Le marquis du Peyron, — Dehangre, Sgr de Cantalmaison.

Le Tellier de Grécourt, — De Breda, Sgr de Courcelettes.

Le marquis de Folleville, — du Trousset, comte d'Hencourt, Sgr du fief
de Courcelettes.

Le marquis de Folleville, — du Trousset, comte d'Héri.

Louis-Nicolas de Fienne le Carlier d'Herlye, — Le Duc de Beuvron et
Dumesnil Bruntel.

Morel Cremery de Foucancourt, — le comte d'Hezeque, baron de
Mailly.

De Louverval, — le comte de Lannoy, Sgr d'Epchy.

François-Alexandre-Rosalie, vicomte de Rune, — la marquise de Folleville, dame en partie d'Esquincourt.

Le baron de Biache, — la comtesse de Saint-Simon, dame de Berny.

Morel Cremery, baron d'Audevanne, à cause de sa terre de Fouquan-
court.

Michel-Jean-Baptiste Hébert, Sgr de Fins.

Jean-Baptiste de Witasse, Sgr de Fontaine-le-Cappy.

Stanislas-Catherine de Biaudon, comte de Castéja, Sgr de Framerville.

D'Hoste, — De Bucy de Canaples, Sgr de Guillemont.

De Witasse de Vermandovillers, — Fay de Fercourt.

Le marquis d'Estourmel, — le marquis de Feuquières, Sgr d'Harbon-
nières.

Le marquis de Folleville, — le marquis de Montaigu, Sgr de Hem.

Le Tellier de Grécourt, — de Saint-Jemy, Sgr d'Heudicourt.

Du Peyron, — le vicomte de la Fontaine-Solart, Sgr d'Hembercourt.

Balthazar-Louis-Marie de Petitpas, Sgr de Longueval.

Le duc de Villequier, — le duc de Luynes, Sgr de Lucheux.

Marie-François-Jean-Baptiste-Pierre Morgan, Sgr de Maricourt, — Jourdain de Thieuloy, Sgr de Carnoy et Mametz.

Le chevalier de La Meth, — Martinart.

Le chevalier de Vermandovillers, — d'Houdaire du Pilan.

Hébert, — le comte de Jardier, Sgr du fief de la Motte.

De Fougeret, Sgr de Saint-Cren.

Le marquis de Ravenel, — la marquise d'Herm, à cause de sa Sgrie de
Potte.

Le chevalier de Quincy, — Mme de Goussancourt.

De Bucy, — Mme de Chelers, dame de Villers-Morlancourt.

Le comte de Couronnel, — Fouache, Sgr du fief de Boutant.

Du Petit, — la marquise du Sausay, dame de Morlancourt.

De Fay, — de la Grenée, Sgr de la Boissette.

Morellet, Sgr de Pertain.

Emmanuel-Marie-Ange-Toussaint Le Roux, Sgr de Puisieux.

Le baron de Biache, — le marquis de Vendeuille.

Du Peyron, — le chevalier de la Greville, Sgr de la Prée.

Le comte de La Meth, — le marquis de Caulaincourt, Sgr de Tertry.

Witasse, Sgr de Vermandovillers.

Le comte de Couronnel, — le baron d'Amerval, Sgr d'Aplaincourt.

De Monchy, Sgr d'Antigny, — le duc d'Harcourt, Sgr de Villiers-les-Faucon.

De Louverval, Sgr de Villiers-aux-Flots.

Thierry de Genouville, — le comte de Soyecourt, Sgr d'Ytres.

Marie-Louis-Joseph de Fay, Sgr d'un fief situé au Pressoir.

De Reynard, à cause de son fief de Bucy, à Lihons.

Le chevalier d'Avricourt, — de Blottefière de Voyenne, Sgr de Voyenne.

Le comte Charles de La Meth.

Le chevalier de La Meth.

De Campagne, Sgr d'Avricourt, lieutenant de roi à Péronne.

Le chevalier de Barentin.

Le chevalier de Vermandovillers.

Macquerel de la Briche.

Witasse de Dompierre.

Dorigny.

De Rozoy, — la marquise de Pinguet, Sgresse du fief de Hamel.

Le marquis d'Estourmel, — François-Guislain Boucquelle de la Comté, Sgr d'Hardecourt-aux-Bois.

Bailliage de Montdidier. (1)

Le comte Louis de Clermont-Tonnerre, — le comte de la Billarderie.

Le duc de Villequier, à cause de son marquisat de Pienne.

Thiery de Castel, — de Caumont, Sgr d'Aussonvillez-en-Chaussée.

Le chevalier de Bracquemont, — de Louvel, Sgr d'Orvilles.

Le comte de Clermont-Tonnerre, — le marquis d'Aguesseau, Sgr de Humbercourt.

D'Inval, comte de Brache, Sgr de Brache et d'Aubevillers.

De Guillebon, Sgr de Beauvoir et Vanceau.

De Mavier, chevalier, Sgr de Beaufort.

Witasse de Dompierre, — Morgan, Sgr de Berny.

De Conty d'Argicourt, Sgr marquis d'Argicourt et d'Orvillers.

Le vicomte de Riencourt, — le comte de Riencourt.

Conty d'Argicourt, — Famechon, Sgr d'Izoux et de Mericourt-sur-Somme, — le comte de la Mire, Sgr d'Orvillers.

Le comte de Cambray, — Mlle de Cambray de Villers, dame de Bayencourt.

(1) M. Claude-Antoine Sellier était député de la ville de Montdidier à l'Assemblée générale des trois ordres.

De Navier, chevalier, — Mlle de Bethune-Sully, dame de Breteuil.

Bosquillon, Sgr du fief de Bauchois, — Bosquillon, son frère.

De Saint-Fuscien, — Mlle de Bertin de Saint-Maurice, dame du fief de la Mairie.

Le vicomte de Bethizy, — le comte de Bethizy, Sgr de Cauvremont.

De Monchy, Sgr de Cantigny.

De Guillebon, — le comte de Pujet, Sgr de Routy.

Thiery de Castel, Sgr de Marcotte.

Danjobert de Martillat, — le comte Doria, Sgr de Cayeux.

Bosquillon de Senlis, — de Saint-Fuscien de Vignerail, Sgr de Chepeux.

De Cambray, — Mlle Cambray de Villers, dame du Comtoir.

De Saint-Fuscien, Sgr de Courtemanche.

Du Petitpas, — les héritiers de M. du Petitpas, Sgr de Cuvilliers.

Le comte de Brache, — de Gueulluy de Rumigny, Sgr du Crocq.

De Cambray, Sgr de Denain.

Bocquillon de Frecheville, — son frère, aussi Sgr de Frecheville.

Le chevalier de Monchy de Montdidier, — Gérard de Longueval, Sgr de Dompierre.

Dainyal, — Mme de Louvancourt.

De Frécheville, possédant fief à Etelfay.

Le vicomte de Béthizy, Sgr de Ferrières.

Le comte Louis de Clermont-Tonnerre, pour sa terre de Figuières.

Thiery du Hangard, — Mlle Caboche de Montivilliers, dame de Folly-Guerard.

De Fransures, — de Verany, Sgr du fief des Mailles.

Thiery du Hangard, — de Sacquespée de Thiery, Sgr de Fouencamp.

De Monchy de Cantigny, — le duc de Fitzjames, Sgr de Fournival.

Dainval, Sgr du Fretoy.

Du Bos de Rouvroy, — Canet d'Heudicourt, à cause de Garmes et autres terres.

Le chevalier de Barentin, — Mme de Coulon-Beauville, pour son fief de Bacouel.

Bosquillon de Bauchois, — Parent, Sgr de Bois-Renaut.

De Fransures, — de Verany, fils, Sgr du fief de Montdésir.

Danjobert de Martillat, Sgr de Guillancourt.

Dainval de Brache, — Berlin, Sgr d'Inneville.

Dainval, — De Louvancourt du Chaussoy, Sgr du fief Mory.

Thiery de Castel, — Mme de Jambourg, dame dudit Mory.

Le chevalier de Navier, Sgr du fief de la Tour-Mory.

De Witasse de Dompierre, — Mme Guérard, dame d'Ignancourt.

Le président de Herte de Haille, — le baron de Chiochieux, Sgr de la Boissière.

Le vicomte de Bethizy, — Boisnes, Sgr de Sains.

Danjobert de Martillat, — l'Escalopier, Sgr du fief du Plessier-sur-Saint-Just.

Vitasse du Bus, — de Goussancourt, Sgr de Griverne.

Le comte de Castéja, — la duchesse d'Estissac, dame d'Halluin.

Le chevalier de Navier, — le comte de Tristan, Sgr de Couvrel.

Jolly de Sailly, — le marquis de Roichaux, Sgr de Linières.

Dorigny, Sgr d'un fief à Méharicourt.

De Bracquimont, Sgr dudit Méharicourt.

Le comte Charles de La Meth, — de Chassepot de Pissy, Sgr d'Angest.

Le duc de Mailly, Sgr du comté de Mailly.

Le vicomte de Riencourt, — de Pille, dame de Mory.

De Monchy de Montdidier, — le comte de Bernay, Sgr du Bout-du-Bois.

Le comte de Castéja, — le baron de Sont-l'Abbé, Sgr de Neuvy.

Dorigny, — de Montières, Sgr de Montières.

De Saint-Fuscien, — Bertin de Saint-Maurice, pour son fief, situé à Ovillers.

De Navier, — Boisgelin, Sgr de Plainval.

Dubos de Rouvroy, — le marquis de Lanery, Sgr de Prombacq.

Le chevalier de Navier, — Le Fort, Sgr de Quesnel.

Le marquis de Ravenel, — Mme la marquise de Guermande, dame de Ravenel en partie.

Louis-Ernest Poindre, marquis de Ravenel, Sgr en partie de Ravenel.

Dainval du Fretoy, — Palisot de Varluzel, Sgr de Rigebay.

Morgan, — Briet, Sgr de Formanoir.

Thiery de Genouville, — le comte de Bouflers, Sgr de Rouvrel.

Dubos, Sgr de Rouvroy-le-Merle.

Le chevalier de Barentin, — Mlle de Barentin, à cause d'un fief à Rozières.

De Rhunne, — le marquis de Rhunne, Sgr du Chaussoy et d'Avenicourt.

Jolly de Sailly, Sgr de Sailly.

De Guillebon de Beauvoir, — de Guillebon de Tressancourt.

Le chevalier de Querrieux, — le marquis de Querrieux, Sgr de Roquancourt.

Dogare, Sgr du Rozoy.

D'Inval du Fretoy, — Mme de Guillebon, dame de Vaux.

De Fransures, Sgr de Villers-les-Tournelles.

Jolly de Sailly, — de Vauvrigny.

Thiery de Genouville, Sgr dudit lieu.

Bosquillon de Genlis, — de Boistel, Sgr d'Ouaille et du fief du Petit-Hailly, — Mme veuve Boulanger, dame du Ménil-Saint-Firmiń.

Bosquillon de Beaucheur, Sgr du fief de Saint-Marc, situé à Beaucourt.

D'Inval.

De Rhunne (Rune).

De Querrieux.

Rollin.

Thiery de Hangard.

De Monchy de Montdidier.

Bosquillon de Genlis, — de Franqueville, Sgr du fief Bucy.

De Cremery de Foucancourt, — le comte d'Armanville.

Boucly, Sgr de Courbeille.

Bailliage de Roye (1).

De Riencourt, Sgr d'Andechy.

Le chevalier d'Avricourt, — M. d'Avricourt.

Le duc de Villequier, — le comte de Barbançon, Sgr de Camuy.

Le Tellier de Grécourt, — le comte de Dumetz.

Le marquis du Châtelet, — de Verceilles, Sgr de Verceilles et du fief d'Andechy.

Witasse de Fontaines, — de Mayencourt, Sgr de Champin-le-Petit.

Le marquis de Folleville, — le duc de la Tournelle, Sgr de Pressy.

Le comte d'Herly, — l'Escalopier, Sgr d'Hyancourt.

Le comte d'Herly, Sgr d'Herly, etc., en son nom ; — le comte de Louvel, — d'Herly, chef d'escadre.

De la Briche, — de Saisseval, Sgr de Bematre.

Le comte de la Farelle, — de Fossés de Fransart, — le comte de Gomer, pour le fief de Chilly.

Le marquis du Châtelet, — la marquise de Marolles, dame de Fréguières.

Le vicomte de Béthizy, — le vicomte de Mailly, Sgr de Frénoy.

De Bracquemont, — Mme Rouillé de Fontaine, dame de Goyencourt, — Rouillé de Fontaine, Sgr de Goyencourt.

Le comte de la Farelle, Sgr d'Hattencourt.

Le chevalier de Bracquemont, — de Bracquemont fils, officier au régt Colonel-général, cavalerie.

Witasse de Vermandovilliers, — le marquis de Gouy, Sgr de Resson.

Hébert, — le comte de Flavigny, Sgr du Tilloy.

Bracquemont, — le vicomte de Hautefort, Sgr de Champierre, — de la Jaille, Sgr des Avesnes.

(1) M. Masson, avocat du roi et maire de la ville de Roye, fut élu député du tiers-état à l'Assemblée générale des trois ordres.

BAILLIAGE DE SAINT-QUENTIN. [1]

Procès-verbal de l'Assemblée générale des trois ordres.

6 mars 1789.

(*Archiv. imp.*, B. III., 137. p. 83, 105-109, 129.)

NOBLESSE.

Pierre-Marc-Antoine-François d'Ampleman, chevalier, vicomte de Wolphus, Sgr d'Ampleman, de la Cressonnière, Noirberne, Bournonville, la Chapelle, Monerre, Bisvel, Verduzan et autres lieux, lieutenant-colonel d'infanterie, chevalier de Saint-Louis, lieutenant aux Gardes-Françaises, conseiller du roi, grand bailli d'épée au bailliage de Saint-Quentin.

Le comte de Montmorency-Laval.
Le comte de Launoy, Sgr et baron d'Honnecourt, représenté par M. de Franssure.
Le marquis de Caulaincourt, — de Lanoue.
Chauvenet de Bellenglise.
Chauvenet de Partheney, — Chauvenet de Bellenglise, son frère.
Le comte de Pardieu.
De Sart du Castelet.
De Lignières, — Dey, ou d'Y.
La comtesse de Guesbriant, — de Lonlay, ou Longlay.
Le marquis d'Hervilly, — d'Estouilly.
Bouzier d'Estouilly, lieutenant de roi.
Macquerel de Plaineselve.
Mme de Forceville, — d'Arneville.
Duplessier de Fontaine-Utertre.
Dey d'Omissy.
De Louverval de Gonnelieu.
Witasse, Sgr d'Hinacourt.
Chauvenet de Lesdins.
Le comte de Brienne, — Fizeaux.
Poitevin de Maissemy, — de Lonlay.
Le marquis de Bécelaer ? — de Fransure.
Du Moustier de Vastre, — Fizeaux.

[1] Le procès-verbal du bailliage de Ponthieu n'existe pas aux Archives de l'Empire dans la *Collection des procès-verbaux, mémoires, lettres et autres pièces concernant les députations à l'Assemblée nationale de 1789* (B. III, section judiciaire . Si nous retrouvons ce procès-verbal dans quelques archives particulières, nous le publierons à la suite du *Catalogue de Flandre, Artois et Alsace.*

Dame d'Héricourt de Montescourt, — du Royer.
Du Royer.
De Macquerel de Quincy, — Macquerel de Plaineselve.
Le marquis de Chazeran, — d'Estouilly.
Le comte de Flavigny..
De Sart de Prémont, — le comte de Pardieu.
Le marquis d'Havrincourt, — de Pardieu.
De Blottefière, — de Lesdins.
Thomas d'Arneville, l'aîné.
Thomas d'Arneville, le jeune, — d'Arneville, l'aîné.
D'Ostrel de Montguyot (baron d'Ostrel).
Le chevalier de la Noue, maréchal de camp.
De Franssure, lieutenant-colonel d'infanterie.
Le chevalier d'Ollezy, capitaine au régt de Barrois.
Le Serrurier, le père.
Le Serrurier, le fils.
Neret, père.
De Brissac (Brissac de Soxey).
Paulet.
Fizeaux.
De Lonlay.
De Bertin, père.

On donna défaut contre MM. :

Langlois de Brouchy.
Le marquis de Nesle.
Le marquis de Lambert.
Le marquis de Vendeuil.
Le marquis de Maupas.
Dornal.
De Lafons.
Philippy d'Estrées.
Villelongue.
La marquise de Ham.
Le comte de Caulaincourt.
Baron Hammer de Claibroke.
Paporet.
Les habitants d'Aunoy, etc., etc

LISTE DES DÉPUTÉS DES TROIS ORDRES

AUX ÉTATS GÉNÉRAUX DE 1789.

AMIENS ET HAM.

Fournier, curé d'Heilly.
L'évêque d'Amiens (Louis-Charles de Machault).

Le duc d'Havré et de Croy.
De Noailles, prince de Poix.

Douchet, cultivateur.
Langlier, cultivateur.
Le Roux, ancien maire de la ville.
Laurendeau, avocat au bailliage présidial.

BOULONNOIS (BOULOGNE-SUR-MER).

L'abbé Méric de Montgazin, vicaire général du diocèse.

Le duc de Villequier.

Latteux, avocat, ancien maire de Boulogne.
Gros, avocat.

CALAIS ET ARDRES.

Bucaille, curé de Frethun.

Le vicomte Desandrouin, chevalier de Malte.

Francoville, avocat.
Blanquart des Salines.

MONTREUIL-SUR-MER.

Rolin, curé de Verton.

Le comte d'Hodicq, maréchal de camp.

Poultier, lieutenant-général du bailliage.
Riquier, propriétaire.

PÉRONNE, ROYE ET MONTDIDIER.

L'abbé Maury, prieur de Lions.
De Laplace, curé.

Alexandre de Lameth.
Le duc de Mailly.

Pincepré de Buire.
Prévôt, avocat du roi au bailliage de Roye.
Bouteville-Dumetz, avocat en parlement.
Mareux, cultivateur à Tricot.

PONTHIEU.

Dupuis, curé d'Ailly-le-Haut-Clocher.

Le comte de Crécy (1).

Duval de Grandpré, avocat.
Delatre, négociant.

SAINT-QUENTIN.

Marolle, curé de Saint-Jean-Saint-Quentin.

Le comte Félix de Pardieu, Sgr de Vadancourt.

Fouquier d'Hérouel, fourrier des logis du roi, Sgr et cultivateur d'Hérouel.
L'abbé du Plaquet, chapelain conventuel de l'ordre de Malte et censeur
royal.

Députés suppléants.

AMIENS.

Le Febvre, curé de Neuilly.
Le comte de Gomer, à Amiens.
Berville, procureur à Amiens.

BOULONNOIS.

Cossart, curé de Wimille.
Du Blaisel du Rieux, chevalier de Saint-Louis, ancien lieut.-colonel.
Grandsire, avocat à Boulogne.
De Bellanoy, avocat et propriétaire.

PÉRONNE.

Angot, doyen de Montigny.
Le comte de Castéja, maréchal de camp.
Le marquis de Folleville.
Tallegrain, avocat à Péronne.
Liénard, fils, avocat à Montdidier.

---

(1) Ferdinand-Denis, comte de Crécy, Sgr de Guichard, en Picardie, bailliage d'A-
miens, p. 10, était Sgr de Chavannes, en Bourgogne, bailliage de Dijon, *Catal. de
Bourgogne*, p. 22, et Sgr de Rie, bailliage de Dôle, *Catal. de Franche-Comté*, p. 20.
Sa famille était originaire de Bourgogne.

GÉNÉRALITÉ D'AMIENS.

(PAYS D'ÉLECTION.)

1771. M. d'Agay de Mutigney, maître des requêtes, intendant.
1785. M. d'Agay, fils, maître des requêtes, adjoint.
M. Maugendre, subdélégué général.

BUREAU DES FINANCES.

Présidents trésoriers généraux de France,

1743. Duval de Nampty, doyen.
1782. Parent de Martigney-Briand, chevalier d'honneur.
1750. Pellier.
1755. Dubois.
1756. Duliège de Warluzel.
1759. Delegorgue de Rosny.
1760. Gorin de Tronville.
1766. Vrayet de Moranvillers.
Guérard.
1767. Froment.
1770. Ducroq de Bancres.
Duval de Nampty, fils.
1773. Godart d'Argoules.
1778. Boistel d'Exauvillers.
Cossette.
1779. Sevault.
Cossette de Rubempré.
1781. Boistel de Belloy.
1783. Thirion de Chipilly.
1784. Le Marchant de Wouallieux.
1785. Deville.
Duliége.
1786. Aliamet.
Ledoux de Bourseville.

Honoraires.

De Croquoison de la Cour de Fiefs.
Fuzelier d'Allier.
Vrayet de Franslieux.
Thirion de Chipilly, père

Gens du roi.

1770. Debray de Flesselles, avocat du roi ancien.
1783. Dumollin de Viencourt, procureur du roi ancien.
1768. De Sachy de Saint-Aurain, avocat du roi.
...... procureur du roi.
Dumollin, procureur du roi, ancien honoraire.
Lagrené du Chaussoy, commissaire du conseil pour les ponts-et-chaussées.
1783. Delasaux, greffier ancien.
1765. Degand, greffier en chef.
Boistel de Belloy, père, greffier ancien honoraire.

Officiers des finances.

Fayard de Bourdeille, receveur général des finances.
D'Arjuzon, receveur général des finances.
Houzé, commis à la recette générale des deux exercices.
Genet, directeur et receveur général des domaines.
Bauny, contrôleur particulier des domaines.
Deu de Perthes, directeur général des fermes.
Devin des Ervilles, receveur général des gabelles.
Sachy de Riencourt, receveur général des tabacs.
Viot, directeur et receveur général des domaines.
De Baye, directeur général de la régie.
De Sevelinges, receveur général de la régie.

PRÉSIDIAL D'AMIENS.

(Ressort du parlement de Paris.)

Les charges de premier et second président sont vacantes.

Dufresne de Marcel-Cave, conseiller d'Etat, lieutenant général civil.
De Rivery, lieutenant particulier.
..... lieutenant-criminel.
De l'Hommel du Plouï, lieutenant particulier.
Le Blanc des Meillards, doyen.
De Castel de Bavelincourt.
Aubry, clerc.
Morel d'Hérival.
Poujol.
Fontaine.
Du Fresne de Beaucourt.
Brunel d'Horna.

Six charges de conseillers sont vacantes.

De Ribeaucourt, honoraire.
Brunel, avocat du roi.
Fontaine, procureur du roi.
Baillet, substitut.

(*État général de la France, 1787-1789.*)

GOUVERNEMENT MILITAIRE.

Le comte de Périgord, gouverneur général.
Le comte de Rochambeau, commandant en chef.

Lieutenants généraux.

Le duc de Charost.
Le marquis de Feuquières.
Le comte Dutouchet.

Lieutenants de roi.

Le marquis de Vauchelles.
Le marquis de la Myre.
Le vicomte de la Maillardière.

Lieutenants des maréchaux de France.

D'Houdan, chevalier de Saint-Louis, à Abbeville.
De Belleval, chevalier de Saint-Louis, à Abbeville et dans le Ponthieu.
De la Fontaine d'Ollezy, à la Fère.
Desfossez de Fransart, chevalier de Saint-Louis, à Péronne.
Le vicomte de Fay de Saucourt, à Péronne.
De Calonne, chevalier de Saint-Louis, à Amiens.
Le vicomte de Caullière, à Amiens.
Du Quesnoy d'Escœuille, chevalier de Saint-Louis, à Montreuil.
Le chevalier de Frenoy, à Montreuil.
Le chevalier du Tronquoy, à Saint-Quentin.
Degrigny, père et fils, à Compiègne.
De Glimont, père et fils, à Montdidier.
Guillebon de Beauvoir, à Montdidier.
Manessier, chevalier de Saint-Louis, à Crécy.
Du Royer de Bournonville, chevalier de Saint-Louis, à Ham.
Le comte de Madrid de Montaigle, à Guise.
Patras de Campaigno, à Calais.
Le comte de Changy, chevalier de Saint-Louis, à Beauvais.
Le comte de Parat de Clacy, à Laon.

Gouvernements particuliers.

miens .... Le marquis de la Ferrière, gouverneur.
De Condres, lieutenant de roi.
La Bolandière, major.

itadelle............. De Virgile, lieutenant de roi.

bbeville............. Marchal de Sainsy, gouverneur.

alais.............. Le duc de Charost, gouverneur.
De Bienassise, lieutenant de roi, commandant.
Hobacq, major.

itadelle............. Le chevalier d'Andreville, lieutenant de roi.

ort Nieulay........ Langlantier, lieutenant de roi.

ort du Risban....... Brisson des Cantières, commandant.

ort du Courgain..... La Colombière, commandant.

rdres.............. De Bois Ducoq de l'Enclos, lieutenant de roi.
Le comte de Banne, commandant.
Baudot de Breuil, major.

ourlens............. Du Vaujours de Châtillon, lieutenant de roi.
De Digoine, écuyer.

uise............... Le duc de Brancas, gouverneur.
De Chalains, lieutenant de roi.
Ricard, major.

am............... Le marquis d'Aguesseau, gouverneur.
Le chevalier de Bazignan, lieutenant de roi.
Benoist Debrissy, major.

ontreuil et citadelle. Le duc de Villequier, gouverneur.
De Hame, lieutenant de roi, de la ville.
Duval, lieutenant de roi, de la citadelle.
De la Chaussée, major.

éronne .... Le comte de Donnezan, gouverneur.
Le chevalier d'Avricourt, lieutenant de roi.
Le chevalier de Bazantin, major.

hâteau............. Le comte de Ségur, commandant.

aint-Quentin........ Le comte de la Billarderie, gouverneur.
Bouzier d'Estouilly, lieutenant de roi.
Coquebert, major.

(*Etat militaire de la France* pour 1789, p. 13-15.)

NOBILIAIRE DE PICARDIE.

Liste des familles qui ont été maintenues dans leur noblesse par
MM. Bignon et de Bernage, intendants (1696-1727).

D'Aboval.
Acary.
D'Acheu.
D'Aigneville.
D'Ainval.
D'Amerval.
Ampleman.
D'Anglos.
D'Arnoult.
D'Arrest.
Aubery.
D'Ault.
D'Aumale.
De la Barre.
Le Bastier.
De Baterel.
Bavre.
De Baynast.
De Beauvarlet.
Becel.
De Bédorède.
De Belledame.
De Belleval.
De Belloy.
Bernard.
De Bernes.
De Bery.
De Bethizy.
De Bigant.
Du Blaisel.
Blanchet.
De Blottefière.
De Bodart.
Du Bois.
De Boistel.
Le Bon.
De Bonafos.
De Bonnaire.
Bony de la Vergne.
Du Bos.
De Boubers.
Le Boucher.

De Boufflers.
De Bourdin.
Bourée.
De Bournonville.
Bouzier.
De Bresdoul.
De Briet.
De Brossard.
De Broyes.
De Bry.
De Bucy.
De Buigny.
De Bures.
Du Bus.
De Caboche.
De Cacheleu.
De Caignet.
De Calonne.
Le Cambier.
De Cambray.
De Camoisson.
De Campagne.
Du Campe.
De Cancer.
De Cannesson.
Le Canut du Blaisel.
Carbonnel.
Le Carlier.
Le Caron.
De Carpentin.
De Carresse.
De Caulaincourt.
De la Caurie.
Cavelier.
Chabot.
Du Chastelet.
De Chérie.
De Chinot.
Clément du Wault.
Le Clerc.
De Collemont.
De Conty.

De Coppequesne.
Cormette.
Cornu.
Le Correur.
De Cossette.
Coton.
De Courteville d'Hodicq.
Le Couvreur.
De Crendalle.
De Creny.
Creton.
De Crévecœur.
Du Crocq.
De Dampierre.
Danglos ou d'Anglos.
Danvin.
Danzel.
Dippre et d'Ippre.
De Disquemue ou Dixmude.
De Doncœur.
D'Escajeul ou d'Escayeul.
D'Escault.
D'Espousses.
D'Esquincourt.
Des Essars.
De l'Estoille.
Faguet.
De Famechon.
Favier.
De Fay.
De Festart.
Le Fèvre.
De Fiennes de la Planche.
Flahault de la Billarderie.
De Folleville.
De la Fons.
De la Fontaine.
De Fontaines.
De Forceville.
De Formé.
Des Fossés.
De Foucault.
De Fouquesolle.
Fournel.
Le Fournier.
Framery.
Du Franc.
De Fransures.
Du Fresne.
De Fresnóye.

De Fresse.
De Friches-Doria.
De Frieucourt.
De Gachon.
Gaillard.
Gaillard de Lonjumeau.
Gaude.
Gaudechart.
De la Gauterie.
Gedoyn.
Le Gillon.
De Gomer.
Gondallier.
Gorguette.
De Goussencourt.
De Greffin.
De la Grenée.
Des Groseilliers.
De Grouches.
Guérin.
De Gueulluy.
De Guillebon.
De Guiselin.
De Halluin.
Du Hamel.
Hannicque.
De la Haye.
De Hémond.
De Henault.
L'Hermite.
De Herte.
Houzé.
De Hodicq.
De la Houssoye.
D'Imbleval.
D'Inval ou d'Ainval.
D'Ippre ou Dippre.
D'Isque.
De Jambourg.
La Doubart.
De Lagrenée.
De Lallier.
De Lamiré.
De Lancry.
Langlois.
Lardier.
De Lastre.
De Lenglantier.
De Lespault.
Lesperon.

Lesquevin.
De Lestocq.
De Lestoile.
De Liégart.
De Licques ou de Lisques.
Louvel.
De Louverval.
De Mailloc.
De Mailly.
Du Maisniel.
Manessier.
De Mannay.
De Manssel.
Le Marchand.
De Marcillac.
De la Marée.
De Mareuil.
Matiffas.
De Maulde.
De May.
Mesnager.
Du Mesnil.
Le Moictier.
Le Moine.
De Monchy.
Monet.
De Mons.
De Monsures.
De Monbeton.
De Montcornet.
De Monthuis et Montewis.
De Montguyot.
De Montlezun.
Morel.
De la Motte.
Mouchet.
Moullart.
Musnier.
De la Myre.
De Neufville.
Le Noir.
D'Ohier.
Olivier.
Le Page.
Papin.
Parent.
De Parthenay.
De la Pasture.
De Patras.
Picquet.

Pingré.
Pinquet.
Du Plessier.
Poisblanc.
De Polhoy.
Du Pont.
Le Porcq.
De la Porte.
Postel.
De Poucques.
Poussepin.
Le Prévost.
Du Puget.
Du Puis.
Du Puy.
De Quelque.
Du Quesnoy.
Quieret.
De Raincheval.
De Rambures.
Raoult.
De Raulers.
De Régnier.
De Rély.
De Rentières.
De Riencourt.
De Rimbert.
De Rocquigny.
De Rodes.
De Ronty.
De Roussé.
De Roussel.
Routier.
Le Roy.
De Roze.
De la Rue.
Rumet.
De Rune.
De Sacquespée.
De Saint-Blimont.
De Saint-Martin.
De Saint-Suplix.
De Saisseval.
De Sansse.
De Sarcus.
Sarrau.
Scourion.
Le Secq.
Le Sellier.
De Seraine.

De Tassart.
Du Teil.
De Ternisien.
De Thory.
De Thubeauville.
Le Thueur.
Tillette.
De Torcy.
Trudaine.
Truffier.
Tutel.
D'Urre.
Vaillant.
Le Vasseur.
De Vaudricourt.
De Vendeuil.
Le Ver de Caux.

De Verdusan.
Vidard de Saint-Clair.
De Vielchastel.
De la Villeneuve.
De Villepoix.
De Villers.
Vincent.
De Virgile.
De Vitry.
De Wavrans.
Du Wicquet.
De Wierre.
De Willecot.
Witasse.
Willartz.
D'Y, Dy ou Dey.
L'Yver.

(*Bibl. imp. Recherches de la Noblesse de Picardie*, in-f°, L. 334. 2 ; — LAINÉ, *Arch. de la Noblesse*, t. II, 1829 ; — ROGER, *Noblesse de Picardie*, 339-362, — 1844.)

PARIS. — IMPRIMERIE DE DUBUISSON ET Cⁱ, 5, RUE COQ-HÉRON.